LLAMANDO A LAS PUERTAS DEL CIELO

LETRA ÚLTIMA
LLAMANDO A LAS PUERTAS DEL CIELO
ANTONIO ANSÓN
ESTUDIO Y MATERIALES COMPLEMENTARIOS / ANA RODRÍGUEZ FISCHER

La presente publicación reproduce el texto íntegro de la primera edición de
Llamando a las puertas del cielo, de Antonio Ansón, Artemisa Ediciones, S. L.,
La Laguna (Santa Cruz de Tenerife), 2007.

Esta obra recibió el Premio Cálamo Extraordinario en 2008.

Publicación número 3927
de la Institución «Fernando el Católico»
Organismo autónomo de la Excma. Diputación de Zaragoza
Plaza de España, 2, 50071 Zaragoza
Tels.: [34] 976 288 878/879 – Fax: [34] 976 288 869
ifc@dpz.es

LETRA ÚLTIMA
Colección dirigida por María Ángeles Naval

Estudio y materiales complementarios: Ana Rodríguez Fischer
Diseño: Isidro Ferrer
Maquetación: Fico Ruiz
Impresión: Imprenta Félix Arilla, S.L.

ISBN: 978-84-9911-688-4
Depósito legal: Z 1737-2023

IMPRESO EN ESPAÑA – UNIÓN EUROPEA

¡Cuídate, España, de tu propia España!

César Vallejo

GRACIAS A

Ricardo Senabre, *in memoriam*, que desde las páginas de *El Cultural*, regaló sus elogios a un desconocido sin poner un solo pero.

Julián Rodríguez Marcos, que también se fue, por su reiterada generosidad, con el que comparto los orígenes rurales que reivindica en *Cultivos*.

Paco Goyanes, que sin comerlo ni beberlo, ni esperarlo tampoco, dio a la novela desde su librería el reconocimiento del Premio Cálamo Extraordinario, razón por la cual comimos y bebimos sin embargo.

Rafael Ordóñez Fernández, mi hermano mayor, que leyó y, una vez más, no se pudo aguantar de enmendarme la plana con sus minuciosas correcciones de una caligrafía apretada y precisa.

M.ª Ángeles Naval, por rescatar de la eternidad que es el olvido que es la muerte a Ambrosio el Renacido para que siga contándonos las historias de Valcorza.

Ana Rodríguez Fischer, por todos estos años de amistad reflejada en este prólogo que derrocha erudición y cariño.

Marian Montesdeoca y Ulises Ramos que, con su ambiciosa editorial Artemisa, creyeron desde el principio y más allá de lo razonable en estos personajes y sus historias descabaladas. Mi gratitud y mi afecto.

ÍNDICE

1 INTRODUCCIÓN

LLAMANDO A LAS PUERTAS DEL CIELO

Ana Rodríguez Fischer

Llamando a las puertas del cielo y la narrativa española contemporánea

En la narrativa española contemporánea reciente escasean las novelas ancladas en el mundo rural, debido en gran medida a la realidad histórica, social y económica que narra y refleja Antonio Ansón en *Llamando a las puertas del cielo*: el éxodo del campo a la ciudad. Un hecho que tiene un largo recorrido en nuestra historia, pues siempre ha estado ligado a los cambios derivados de la revolución industrial, si bien en España se intensifica a partir de la Guerra Civil —en parte debido a factores peculiares y específicos, como se comprueba leyendo esta novela—, y especialmente en la década de los años sesenta del pasado siglo, la llamada etapa del desarrollismo económico que se inició con el Plan de Estabilización (1959), el cual impulsó un considerable avance industrial y propició las sucesivas oleadas de emigrantes procedentes del mundo rural con destino a las grandes urbes o a las capitales de provincia, donde se asentaron en las periferias o en el extrarradio, dejando progresivamente abandonados los pueblos y originando ese fenómeno que hoy conocemos como la España vaciada.

En sus diversos ámbitos geográficos o espaciales y en sus múltiples aspectos sociológicos y humanos, este fenómeno ha quedado documentado en nuestras letras en las obras —novelas y cuentos— de los autores de la llamada Generación del 50 o del Medio Siglo, también conocidos como «los niños de la guerra» —en marbete acuñado por una escritora del grupo, Josefina Aldecoa—, o

15

«los niños del asombro» —como les llamó otra de ellas, Ana María Matute—. Desde Ignacio Aldecoa o Juan Benet, pasando por José Manuel Caballero Bonald, Jesús Fernández Santos, Antonio Ferres, Luis Goytisolo, Alfonso Grosso, José Jiménez Lozano, Jesús López Pacheco, Armando López Salinas, Juan Marsé o las mencionadas Josefina Aldecoa y Ana María Matute, junto con Rafael Sánchez Ferlosio, encontramos la crónica y el testimonio de este fenómeno del éxodo rural a las ciudades o capitales de provincia, si bien en la mayoría de las obras predomina la visión desde el punto de llegada o el destino, enfocando esas vidas en la nueva circunstancia, que se contrasta con la etapa dejada atrás. Algunas obras se anclan en espacios intermedios —*El Jarama* (1956), *Las afueras* (1962)— y otras narran el descubrimiento de la España rural por personajes llegados desde una ciudad —*Los bravos* (1954), *El hombre de los santos* (1969), por citar sólo dos títulos de un mismo autor, Jesús Fernández Santos—. También abundan, hecho explicable por la cronología y la biografía personal de estos escritores, novelas y cuentos que recogen la infancia —los veranos, el paréntesis de la Guerra Civil— vivida en un pueblo.

Dentro de este grupo de autores destaca, con nombre y territorio propios, Miguel Delibes[1], cuya obra en su conjunto viene a ser sinónimo de la Castilla rural (aunque algunas piezas abarcan otros

---

[1] En la historia de la narrativa española contemporánea, al autor vallisoletano no suele incluírselo en este grupo, en contra de lo que él mismo piensa: «A un bautista le dio por afirmar que yo era un escritor de la "inmediata posguerra" y con tal apelativo me quedé. Yo estaba, pues, definitivamente clasificado. La pertenencia al grupo de la "inmediata posguerra" se diría que venía determinada por dos razones: haber nacido a la literatura alrededor del medio siglo (1950) y muy poco antes que "los niños de la guerra", que entonces estaban haciendo sus primeras armas. O sea, la edad contaba pero no había un criterio uniforme para aplicarla. En este aspecto se operaba con cierta frivolidad y si a mí un bautista madrugador me había encasillado en el grupo de la inmediata posguerra junto a Cela, otro hacía lo mismo con Carmen Laforet, un año más joven que yo, dándose, pues, la paradoja de que tanto Carmen como yo nos aproximábamos más en edad a los mayorcitos de la generación del 50 que a los más jóvenes de la nuestra. O sea, alguno de los bautizados como de "la inmediata posguerra" éramos exactamente "niños de la guerra", pues tanto Carmen como yo éramos, en aquellos años, tan adolescentes como la mitad de los del 50» (Miguel Delibes, *España 1936-1950. Muerte y resurrección de la novela*, Barcelona, Destino, pp. 17-18).

mundos e incluso otras épocas históricas), realidad que el escritor abordó en múltiples libros, y no sólo desde la ficción. Yo siento una especial predilección por *Castilla habla* (1986), cuya factura me parece muy próxima al reportaje-testimonio que caracteriza los celebrados libros de la ganadora del Premio Nobel Svetlana Alexiévich. Recordemos algunos ensayos del autor que se apoyan en la experiencia personal y que tienen mucho de autobiografía: *La caza de la perdiz roja* (1962), *El libro de la caza menor* (1964), *Mis amigas las truchas* (1977), *Las perdices del domingo* (1981) o *Mi vida al aire libre* (1989). Son, hay que reconocerlo, menos conocidos que sus novelas y sus relatos sobre la Castilla rural, mas su valor documental es incuestionable. En cuanto a las novelas, destacan sin duda las dos que podemos considerar como fundacionales; es decir, aquellas en las que el escritor descubre cuál será su mundo propio: *El camino* (1950) y *Las ratas* (1962). Si estas están ambientadas en la inmediata posguerra, la trama de otras novelas transcurre en distintas etapas de nuestra historia reciente, incluida la Transición: *Las guerras de nuestros antepasados* (1975), *El diputado voto del señor Cayo* (1978) o *Los santos inocentes* (1981). Sin olvidar que el autor vallisoletano también aborda el éxodo rural en *La hoja roja* (1959) o *Diario de un emigrante* (1958).

La siguiente promoción de novelistas —integrada por autores nacidos en la década de los años 40, que empiezan a publicar en torno a 1970— se ha mostrado menos inclinada a tratar de la España rural. Tal vez por la necesidad o el propósito de alejarse y diferenciarse de la tradición realista y recuperar así otras sendas narrativas, más próximas al experimentalismo vanguardista del periodo de entreguerras u otros *ismos*. Estoy hablando de aquellos escritores a los que, en el ámbito de la poesía, el crítico José María Castellet reunió y bautizó en la célebre antología *Nueve novísimos poetas españoles* (1970), algunos de cuyos miembros cultivaron también la narrativa: Ana María Moix, Félix de Azúa, Vicente Molina Foix[2]. A estos nombres hay que sumar los de los narradores o novelistas propiamente dichos: José María Guelbenzu, Juan José

---

[2]   No destaco especialmente a Manuel Vázquez Montalbán porque siempre me pareció un autor más próximo a la generación del medio siglo que a los *Novísimos*.

Millás, Mariano Antolín Rato, Manuel de Lope, Javier Marías o Enrique Vila-Matas[3].

En esos años, como excepción, tendríamos a los autores que integran el llamado «grupo leonés», y de una manera destacada, a Luis Mateo Díez, pues a lo largo de su trayectoria ha construido un territorio ficticio, Celama, trasunto literario de la comarca a la que pertenece su pueblo natal, Villablino, y escenario donde sitúa algunas de sus obras, como las novelas reunidas en la trilogía *El Reino de Celama: El espíritu del páramo* (1996), *La ruina del cielo* (1999) y *El oscurecer* (2003).

A ellos les sigue otra innominada —pues no se les ha adjudicado ningún marbete específico— generación de escritores, a la que pertenece Antonio Ansón. Agrupa a los nacidos entre 1955 y 1965, que empiezan a publicar a mediados de los años 80 del pasado siglo. Descontando a los autores que escriben en otras lenguas peninsulares[4], pocos de ellos publican novelas de ambientación rural, aunque nadie olvida *La lluvia amarilla* (1988) —monólogo del último habitante de un pueblo abandonado del Pirineo aragonés—, de Julio Llamazares, o *Escenas de cine mudo* (1994), donde rememora la infancia transcurrida en el pueblo minero de Olleros (León), ámbito de los dos poemarios del autor —*La lentitud de los bueyes* (1979) y *Memoria de la nieve* (1982)— y donde también se sitúan algunos de sus cuentos, junto con la hasta ahora su última novela *Distintas formas de mirar el agua* (2015). Dentro de los autores de esta generación, debemos recordar aquellos títulos de Antonio Muñoz Molina que cuentan historias ambientadas en la sierra de Mágina (Jaén), como su primera novela *Beatus Ille* (1986) —aunque en ella la historia transcurre sobre todo durante la Guerra Civil y la inmediata posguerra—, especialmente *El jinete polaco* (1991) y *El viento de la luna* (2006). De aquellos

---

[3] Curiosamente, al margen de la temática, *Llamando a las puertas del cielo* comparte con las obras de estos narradores una serie de rasgos estructurales y técnicos, más una decidida voluntad de renovación formal.

[4] Me refiero al escritor vasco Bernardo Atxaga, con su *Obabakoak* y al autor gallego Manuel Rivas, si bien este acostumbra a situar sus novelas en pueblos del litoral coruñés.

años recuerdo asimismo la sobresaliente novela de un autor fallecido muy tempranamente, Manuel Díaz Luis, *Las aguas esmaltadas* (1990), que se desarrolla en un pueblo salmantino de la vertiente septentrional de la Peña de Francia y recrea la vida colectiva en sus múltiples aspectos desde una visión en la que se conjugan la ironía y el lirismo.

Desde que empezó a hablarse de manera continuada y sistemática del problema de «la España vaciada», en nuestro panorama narrativo reciente han aparecido más obras ambientadas en ese entorno, como *Cultivos* (2008), del escritor extremeño Julián Rodríguez, donde reivindica sus orígenes rurales, o *Tierras altas* (2006), del poeta Fermín Herrero, sin olvidar la aclamada novela de Jesús Carrasco *Intemperie* (2013), o *Las Inviernas* (2014), de Cristina Sánchez-Andrade.

Esta sería, sucintamente esbozada, la circunstancia literaria con la que dialoga o en la que se inscribe *Llamando a las puertas del cielo*, que tiene algunas otras filiaciones fuera de nuestras letras, como veremos al analizar la figura del narrador. Es una primera novela cuya maestría y brillantez se explican por factores diversos. La formación académica y la docencia e investigación derivadas de la condición de profesor universitario de Antonio Ansón me parecen relevantes, según puede comprobarse en sus ensayos, que versan casi todos sobre las relaciones entre palabra e imagen: *El istmo de las luces* (1994), *Novelas como álbumes, fotografía y literatura* (2000), *Los mil relatos de la imagen y uno más* (2003), *Para qué fotografiar* (2004), *Cómo leer un poema* (2006) y su último ensayo, *Hijos del agobio. Memoria y desmemoria de la guerra en la fotografía española contemporánea* (2019). Y pronto se publicará un nuevo libro, *Ojos que no ven. Sobre las palabras y las imágenes*. En esta misma línea, hay que mencionar el desempeño del autor en el comisariado de varias exposiciones, entre otras, *Masats/Buñuel* (2018).

Ahora bien, es obligado destacar que en el ámbito de la creación —donde también incluyo el ensayo; al menos cierto modo de entender y practicar este género de indiscutible naturaleza híbrida—, Antonio Ansón decidió o eligió transitar primero por el ámbito de la poesía, lo que se aprecia claramente en la calidad y ciertos rasgos de su escritura narrativa. Ya en 1979 aparece el poemario *Efemérides*, al que siguen *Memoria del limo* (1989), *La misiva* (1990), *Este mensaje es para ti que tienes mucha soledad como yo* (2000), del que más tarde apareció una edición aumentada, *Pantys Mortels* (2008), en edición bilingüe español/francés, traducida por el también poeta y editor Aurelio Díaz-Ronda. En colaboración con el fotógrafo Rafael Navarro, *Don't disturb* (2001) y *Nada más que piedra, ortiga y alacranes* (2003).

En el ámbito narrativo, a esta primera novela *Llamando a las puertas del cielo* (2007) le siguió *El arte de la fuga* (2009) y *Como si fuera esta noche la última vez* (2016), donde aparecen de refilón algunos de los personajes de la anterior, destacando Julia, que va de vacaciones con sus hijos al pueblo de su marido Juanma, es decir, a Valcorza.

Llamando a las puertas del cielo fue distinguida con el Premio Cálamo Extraordinario (2007), compartido con otras dos novelas: *Crematorio*, de Rafael Chirbes, y *Cementerio de pianos*, de José Luis Peixoto.

En mitad del negro infinito

> En el cementerio de Valcorza nos han ido enterrando a todos. Uno tras otro. Uno tras otro. Me consta que a Julita le di mucha pena, y que se deshizo en lágrimas cuando se enteró de que me había ahogado en el pozo del Molino. Así es la vida. O la muerte. Qué le vamos a hacer. Tarde o temprano llega el momento de rendir cuentas y se acabó. De nada sirve ponerse sentimental. Rezar todas las oraciones que uno recuerda. Cagarse de miedo. Toca, pues toca. Y a pagar. A tocateja. Como mi amigo Ernesto.

Así comienza *Llamando a las puertas del cielo*, que toma su título de la canción de Bob Dylan *Knockin' on Heaven's Door*. Al título se alude un par de veces en la novela. La primera de ellas ya muy al principio, en el capítulo 3, cuando Juan el Francés, apostado bajo el balcón de Remedios Blasco, se echa al pecho la guitarra y empieza a cantar, en la sombra: «Lloro en silencio, mi desventura. Voy por el mundo cruel de fracaso en fracaso. Llamo a la puerta del cielo que nunca traspaso. Vencido y cansado, de tanto sufrir…». La otra mención aparece ya avanzada la novela, al final del capítulo 35, cuando los jóvenes que acaban de formar un grupo musical expresan su anhelo de ser famosos y triunfar en el extranjero, a lo cual les replica el alcalde:

—Valcorza está en el extranjero —afirmaba campanudo.

—En Europa para más señas —corroboraba Eladio Casasús echándole un capote.

—Y para llamar a las puertas del cielo —añadía el señor alcalde para demostrar que también se enteraba de la movida— no hace falta pasar por Madrid, que por Valcorza se llega antes.

Esta última cita atañe al tiempo de la historia, del que trataré más adelante, mientras que la anterior concierne a un rasgo medular de la novela: la figura del narrador y el ángulo o perspectiva desde la que nos cuenta su historia, en mitad del negro infinito. Es decir, desde el reino de la muerte, desde la eternidad o desde ese cielo a cuyas puertas irán llamando casi todos los personajes de la novela cuando les llegue su hora, al que se refiere en estos términos: «Yo pensé que el cielo de los muertos tenía que ser del color de la camisa de don Julián. Blanco. [...] Pero no. En el cielo de los muertos no se ve nada porque reina la negrura absoluta» (capítulo 20).

El narrador muerto es una figura que pertenece a una tradición que se remonta a François Villon, y llega hasta Edgar Lee Masters y su *Spoon River*, y que en las letras hispánicas tiene su exponente más emblemático en la novela del escritor mexicano Juan Rulfo, *Pedro Páramo* (1955), y, menos conocida, *La amortajada* (1938), de la escritora chilena María Luisa Bombal. Es un recurso que asimismo hallamos en otras novelas españolas más recientes —*La fatiga del sol* (1996), de Luciano G. Egido, y *Espejos de humo* (2005), de Moisés Pascual Pozas—, lo que no resta un ápice de originalidad a la obra de Antonio Ansón, que cuenta con otra serie de rasgos muy peculiares.

Del narrador en tanto que personaje de la diégesis iremos averiguando algunos datos, más bien escasos. Se llama Andrés, o Andresito, lo cual trae resonancias de otros dos personajes archiconocidos en la literatura española, a quienes esporádicamente se les llama también por su diminutivo: Lázaro de Tormes —Lazarillo— y Pascual Duarte —Pascualillo—. Es hijo de Andrés el Zanguango, sin apenas presencia en la novela salvo en el capítulo 26, donde también encontramos una vaga referencia a la madre del narrador.

Enamorado de Julita, lo vemos bailando con ella durante las fiestas del pueblo, u oficiando de monaguillo durante una procesión, como se muestra en una fotografía o retrato de grupo: «Estamos en una foto, yo, Cosme el de La Rambla, Timoteo y el Piteras, con la Virgen en volandas, parados en mitad del río, con botas de agua y Eladio Casasús echando una rima con la mano en alto, como un cantaor» (capítulo 7). Por lo general, el narrador aparece en las escenas protagonizadas por el grupo de niños que van haciéndose mayores, sin destacarse mucho de forma individual, aunque de lo que sí iremos conociendo detalles concretos es de las circunstancias de su muerte, como sucede con los demás personajes.

No me parece casual este plano secundario en el que Antonio Ansón enmarca a Andrés, porque lo medular en él es su condición de narrador. Un narrador que se expresa en primera persona, aunque el punto de vista desde el que cuenta esta gavilla de historias es el de la omnisciencia narrativa. De algunos episodios, los sucesos acontecidos durante su corta vida, él fue partícipe o testigo, según caracteriza Norman Friedman esta figura y su función: «El narrador-testigo es un personaje de pleno derecho *en* la historia, implicado en mayor o menor grado en la acción, de trato más o menos cercano con los personajes principales, y que se dirige al lector en primera persona»[5]. De otros hechos, los transcurridos tras su muerte, él será el depositario o el interlocutor, según se cuida de apostillar en más de una ocasión: «Pero esto me lo contó Ernesto el Tocateja, después de matarse con la moto volviendo de madrugada de la discoteca Galaxia, pues yo llevaba mucho tiempo podrido en el cementerio de Valcorza» (capítulo 10).

Y aunque no sea obligado proceder así a la hora de desplegar el humor, la ironía y el sarcasmo, la perspectiva en la que se halla el narrador está ligada a estos registros —e incluso los hace más verosímiles—, que siempre exigen una distancia respecto a los hechos narrados o a los personajes que se enfocan. El humor raras veces es amable o inocente, salvo cuando brota de la ingenuidad propia de

[5] FRIEDMAN, Norman: «El punto de vista», artículo recogido por Enric Sullá en *Teoría de la novela. Antología de textos del siglo XX*. Barcelona, Crítica, 1996, p. 83.

la infancia, o cuando afecta a un personaje tan impar como Eladio Casasús, cuyo perfil está repleto de comicidad. Por lo general, el humor predominante es de sesgo grotesco y esperpéntico, característico de nuestra secular tradición negra, de Goya a Valle-Inclán. Algunas veces adquiere tintes surrealistas, y se cubre de irreverencia cuando versa sobre asuntos relacionados con la Iglesia católica y sus prácticas. También entronca con Rabelais en aquellas situaciones centradas en el cuerpo y sus necesidades, desde las fisiológicas a las sexuales. Para Antonio Ansón, «el humor es una forma de plantar cara a situaciones límites que, de otra forma, resultan insoportables. No obstante, muchas de las escenas que parecen esperpénticas son una estricta descripción de la realidad».[6]

A través de todas esas confidencias o noticias que le van transmitiendo el resto de los difuntos que llaman a las puertas del cielo, el narrador se erige como guardián o depositario de la memoria colectiva. Y es este rasgo el que convierte la novela en un relato polifónico, ya que el narrador a menudo interpola directamente las historias que le confían los otros personajes. Además, el marcado carácter escénico de algunos capítulos contribuye a aumentar la pluralidad de voces narrativas. Por momentos, el lector tiene la sensación de asistir a un verdadero espectáculo, a una representación dramática llena de dinamismo y vivacidad, en la que oímos directamente y sin intermediación, a muchísimos personajes hasta el punto de que podríamos hablar de dialogismo en el sentido propiamente bajtiniano del término, como uno de los rasgos técnicos más destacados de la novela. Un rasgo, por otra parte, que Antonio Ansón ya había desplegado en su poemario *Este mensaje es para ti que tienes mucha soledad como yo*, muchos de cuyos poemas se expresan en una primera persona correspondiente a personajes tan dispares como «el atraca-niños», varios maridos maltratadores o un mendigo yonki, entre otros.

A la vez, este rasgo afecta al punto de vista, que no siempre es el de la omnisciencia porque son esos otros narradores los que nos hablan desde su personal ángulo o visión. Y es muy intere-

---

[6] Declaraciones concedidas a Natalia Blanco y publicadas en *Cambio 16* (27 de noviembre de 2007), p. 15.

sante comprobar y analizar este multiperspectivismo en aquellos casos en los que un mismo episodio se narra o evoca por distintos personajes, produciendo en el lector la impresión de acceder a ese mundo a través de un caleidoscopio; son casi siempre los episodios de naturaleza coral o protagonismo colectivo, que transcurren en espacios comunes: la barbería, el bar, el cine, la iglesia y alrededores, la plaza, las calles y caminos, los campos y tierras de labor, etc. Dentro de esta interpolación de otras voces destaca la reproducción de la carta que Timoteo el Modorro le escribe a Lola la Coja.

A la pluralidad de voces contribuye también el hecho de que Antonio Ansón articula su novela equilibrando los dos modos o maneras de contar una historia: el *telling*, o la narración propiamente dicha, y el *showing*, o la representación, según la terminología o conceptos acuñados por Friedman en el citado artículo, pues muchas historias se nos relatan a través de escenas dialogadas donde oímos directamente las voces de esa pluralidad de personajes que habitan el singular microcosmos social y humano de Valcorza. Lo que redunda en el consiguiente enriquecimiento del lenguaje de la novela, construido con los rasgos característicos de la oralidad. Notemos las frases breves que funcionan a modo de sentencia e incluso proverbios, rápidas y contundentes, y con frecuencia separadas de las oraciones a las que pertenecen con un punto. Asimismo, destaca la abundancia de oraciones subordinadas de relativo cuando en el texto predomina la narración propiamente dicha. En los diálogos advertimos los giros característicos del habla, llena de espontaneidad y naturalidad y desparpajo, pues el lenguaje de los personajes está salpicado de expresiones coloquiales —«coger el montante» (capítulo 38), «vociferó Eladio Casasús haciéndose el orejas» (capítulo 21); «Ya irá el garbanzo a la cuchara» (capítulo 24)—, lugares comunes, dichos y refranes, latines de origen litúrgico o el léxico kantiano que emplea Eladio Casasús, arcaísmos o palabras caídas en desuso por la desaparición de su referente real —el mundo rural, con sus tareas y costumbres—, junto con un buen número de aragonesismos —bien dosificados—, los cuales añaden una nota de color local al plural microcosmos de Valcorza: alcorzar (atajar), encorrer (perseguir), sargantana (lagartija), furo (bravo, furioso), enrunar (cegar), calivo (rescoldo), tozada (tope-tazo), etc.

Estructura y tiempo narrativo

La organización de la historia en breves capítulos o secuencias es otro de los rasgos destacados de *Llamando a las puertas del cielo*. No todos tienen la misma factura o composición. Algunos son relatos propiamente dichos, capítulos casi monográficos que narran un episodio o un suceso muy relevante, sea para el conjunto del pueblo y la vida colectiva en Valcorza, sea ceñido a un personaje y su peculiar periplo personal. En el primer caso, los capítulos vienen a ser estampas de usos y costumbres sociales que plasman y revelan una mentalidad y unas formas de vida, es decir, que dan cuenta tanto de la historia como de las intrahistorias. En el segundo, vienen a ser el equivalente a una microbiografía de los respectivos protago-nistas, con interesantes variaciones tonales según los rasgos de los personajes, que van desde lo fantástico o maravilloso, a la epopeya bufa, la novelita rosa, lo truculento, lo grotesco o la aventura, según señalaré al trazar los rasgos de los personajes más destacados. Otros capítulos son escenas casi teatrales, articuladas a partir del diálogo entre los personajes, y por lo general se centran en un asunto o momento concretos.

En cualquier caso, independientemente de la modalidad narrativa predominante, los 41 capítulos de *Llamando a las puertas del cielo* comparten una misma cualidad: su excelencia gráfica o visual, rasgo de la novela destacado desde el primer momento por distintos críticos, que resaltaron la filiación cinematográfica de la obra —que va mucho más allá del plano formal— en lo que se refiere a la estructura o disposición de la trama, con la fragmen-tación del tiempo de la historia —«la acción entrecortada de idas y venidas»[7]—, el desorden temporal o la ruptura de la linealidad cronológica, a menudo a partir de anticipaciones, como en estos ejemplos:

---

[7] Escuín, Ignacio: «Antonio Ansón y su lugar», en *Heraldo de Aragón*, 27 de septiembre de 2007, p. 8.

—Tú tampoco estarás —apostilló Miguel Zalaya, que por entonces seguía vivo y ni le pasaba por la imaginación que su amigo del alma, Sebastián el de los Colchoneros, le pegaría dos tiros— cuando se te hayan comido la lengua los gusanos y tengas que dejar de hablar (capítulo 20). Cuando enterramos a Constantino el Piteras, a don Julián le faltaba poco para dejar de ser alcalde y joparse a casa de su hija la maestra. El cierre del casino era inminente (capítulo 22).

A la vez, en esta distorsión o alteración de la cronología encontramos frecuentes regresiones, en ciertos casos repitiéndose las mismas, pues en más de una ocasión se refieren a un mismo hecho, para amplificar o desarrollar algún detalle, lo cual añade una impresión proustiana a esta lectura, que tan bien se compadece con una novela que tiene mucho que ver con la memoria preservada o el tiempo restituido. Tal disposición temporal imprime un especial dinamismo a la obra. Y el lector enseguida tiene la sensación de estar ante un mundo vivo y bullente que se presenta directamente a sus ojos con gran concreción e inmediatez, como si lo tuviera delante o se le contara casi al oído.

Si el conocimiento del arte cinematográfico del autor se percibe en ciertos rasgos estructurales y técnicos de *Llamando a las puertas del cielo*, lo mismo cabe decir de la fotografía, disciplina que tan bien conoce el autor, pues la ha estudiado desde múltiples ángulos: su evolución histórica, sus distintas modalidades o géneros —retratos, paisajes, objetos— o sus relaciones con el tiempo. Para Antonio Ansón, «la fotografía culmina la capacidad del arte para dar testimonio de la realidad»[8]. Veamos un ejemplo más que elocuente, y que atañe a un elemento esencial del arte fotográfico como lo es la luz:

> Al caer la tarde el pueblo recuperaba su geometría. Se volvía un espacio habitable. Y hasta benévolo. Se abultaban las esquinas, los recovecos, las puertas grandes de las cocheras. Entonces, la luz sesgada desplegaba sobre las casas un abanico inimaginable que abarcaba del albo inmaculado al marfil. Algunas esquinas trazaban una línea perfecta sobre la cal partiéndose en níveo y crudo. El vano de las ventanas también manchaba con

---

[8] Ansón, Antonio: *El limpiabotas de Daguerre*, Murcia, Centro Municipal Puertas de Castilla, 2007, p. 87.

matices de amarillo cadmio la superficie lisa del mediodía vencido (capítulo 6).

El tiempo de la historia se extiende a lo largo de casi medio siglo, desde la Guerra Civil (1936-1939) hasta bien avanzada la etapa de la Transición. Ahora bien, cada uno de los polos o extremos del arco temporal está sólo brevemente punteado, pues el presente de la historia se concentra en la década de los años 60 y 70 del pasado siglo XX, cuando Valcorza experimenta profundos cambios de toda índole. Los hechos o sucesos que tienen lugar antes y después de ese periodo no constituyen una parte esencial del relato —en el sentido del desarrollo de la acción narrativa— sino que sirven para ilustrar sucesos del pasado que explican la vida de algunos personajes y las relaciones que mantienen entre sí, o bien sirven para incluir breves pinceladas del cambio y la evolución posterior de algunos otros, así como para narrar el desenlace de sus vidas.

Detengámonos brevemente en el primero de esos polos temporales, que se refiere casi en exclusiva a la Guerra Civil, de la que suelen apuntarse algunos detalles sucedidos entonces, así como las consecuencias más inmediatas que se derivaron del enfrentamiento entre las dos Españas, consecuencias que también afectaron al orden social, según veremos con más detalle al analizar Valcorza y su mundo. Así, la primera de esas referencias remite al escenario de la contienda y está relacionada con los juegos de los niños, que gustan de ir «a buscar balas a las trincheras del cabezo Cifuentes y estallarlas haciendo una fogata con un puñado de aliagas pisoteadas» (capítulo 8). Poco después, se habla del hambre como una de las consecuencias del enfrentamiento bélico:

A Miguel Zalaya le faltaba una pierna. Decía que se la había comido un perro hambriento y rabioso.

—Este mismo —corroboraba señalando un galgo bastardo y lleno de pupas y de moscas que lo seguía a todas partes—. Nada más terminar la guerra. Un día que me quedé dormido entrecavando las patatas y el animal no pudo más. De ganas de comer. Y se me almorzó el pie con zapato y todo (capítulo 13).

También sabemos que el alcalde don Julián guarda «en el cajón de la mesilla un pistolón grande que le había servido para rematar comunistas» (capítulo 20). En otro momento, averiguamos el trágico final del padre de Florencio, y el rencor y el odio que este alberga desde entonces: «Que se jodan esos hijos de puta que fusilaron a mi padre cuando subían de retirada hacia Barcelona», dirá ya mucho más tarde, en tiempos de la Transición, cuando se celebraron elecciones municipales, que es el marco en el que se inscribe este otro recuerdo de la Guerra Civil:

> Don Julián, en aquellas elecciones, se llevó un chasco. Era alcalde de Valcorza desde que cumplió los treinta, cargo que había heredado de su padre, y que los Calderetas se habían ganado a pulso y por méritos propios gracias a los muchos rojos que habían llevado a rastras hasta las tapias del cementerio aullando como perros, para limpiar Valcorza de aquella peste. En el pueblo solo quedamos los sometidos al yugo, los hijos de mandrias y arrodillados. Porque a los otros, o se los comieron los buitres en el terraplén de la vuelta del barranco del Choto o salieron por piernas camino de Francia, donde también terminaron comidos por los buitres, llevándose consigo la dignidad y los sueños (capítulo 20).

La más amplia referencia a aquellos años cainitas afecta a los padres de Miguel Zalaya y de Sebastián, ambos combatientes en el frente republicano, y cuyo trágico final uniría fraternalmente a los dos niños hasta que al cabo de los años se enfrentan de un modo absurdo:

> Miguel y Sebastián tenían algo más en común que la linde de sus campos. A sus padres respectivos les habían dado el paseíllo por rojos y, lo que es peor, casi al final de la guerra, aunque la verdadera guerra nada tenía que ver con vencedores ni vencidos, ni con la República ni con Falange, sino con el huerto de un camisa vieja que se inundó siendo el padre de Sebastián concejal y se construyó el azud que hoy riega la margen izquierda de la vega. A Julio, padre de Miguel, yo creo que lo mataron por casualidad. Por ignorante. Porque estaba donde no tenía que estar. Ninguno de los dos había olvidado (capítulo 24).

Y una nueva referencia fugaz, ya en el marco de los cambios y transformaciones últimas, con la llegada de los inmigrantes extranjeros reclutados para trabajar en el campo, cuando Valcorza se «había llenado de negros. Y de moros. Otra vez, dijo Serafín Modrego» (capítulo 30), recordando la presencia de los mercenarios reclutados por Franco en África, los Tercios, para combatir en la Guerra Civil.

El presente de la historia, su transcurso y los cambios que el paso del tiempo acarrea, se narra y muestra a través de múltiples factores o elementos. El más destacado de ellos es el que afecta a la vida colectiva. En el plano histórico, todo lo concerniente al final del franquismo e inicios de la Transición, tanto en lo político como en lo social y económico. En el plano intrahistórico, esos cambios afectan al mundo del trabajo, a los usos y costumbres, al ocio —los gustos preferenciales en relación con la música o el cine—, las modas en ropas y peinados, etcétera…, trazado o reflejado ese gran retablo a partir de detalles muy precisos, a veces minúsculos, pero siempre portadores de significación y desplegados por el autor con gran pericia y acierto. Naturalmente, todo esto se reproduce —se narra o se muestra— a través del vivir, de la trayectoria personal de los personajes más destacados que pueblan Valcorza.

El paso del tiempo se percibe asimismo en los espacios y escenarios, en sus cambios y transformaciones, como las habidas en el cementerio —la parte nueva, con sus nichos, a diferencia de la antigua, con las sepulturas en tierra— o en la tienda de ultramarinos. También se percibe en la decrepitud o desaparición de otros, que serán sustituidos por nuevos ámbitos, especialmente los que sirven al ocio: el bar y el casino o el *pub*, el prostíbulo, el cine, el cultivo de las tierras y los campos o algún otro enclave. Y se percibe asimismo en pequeños detalles, como observamos en la fachada del casino, de donde se retira una vieja placa, dejando a la vista «la silueta del plastón de la lápida sobre la piedra y manchurrones de yeso» (capítulo 22).

Es ese abigarrado microcosmos humano y ese denso mundo material lo que sirve para pautar el paso del tiempo, que no se da en abstracto ni ceñido a fechas precisas, sino siempre vinculado a los personajes. Y en este sentido hay que subrayar la diferencia del ritmo narrativo, muy apreciable cuando se recorre este último tramo cronológico, más rápido y precipitado todo allí, quizás porque proliferan las novedades y el propio sentido del tiempo —el modo de vivirla o percibirlo— se ha acelerado.

Valcorza: realidad y escenarios

En el capítulo 3 se nos presenta Valcorza. No es una descripción canónica, ni mucho menos. Son sólo dos o tres detalles sobre la ubicación e historia del lugar, y la etimología del topónimo, explicación teñida del humor y la comicidad que impregna toda la novela. Destacan las líneas finales referidas al aislamiento del pueblo y a la no permanencia de quienes pasan por allí, dato que coincide con el eje narrativo de *Llamando a las puertas del cielo*, en lo que esta novela tiene de crónica de un cambio y una transformación social, y del éxodo del campo a la ciudad.

> Por mi pueblo pasa el río Altán. Nadie sabe dar razón sobre el significado de su nombre. Dice Arsenio el Vinagres, que estudió interno hasta los catorce en los escolapios de la capital, que debe de ser de origen árabe, por lo de «al», que todos los nombres que empiezan por «al» son de cuando los moros vivían por aquí. Luego se marcharon hartos de tanto español bilioso, dijo el Vinagres un día en La Rambla, para que lo oyeran todos —incluida la pareja de la Guardia Civil que había entrado a tomarse un revuelto—, no sin antes dejar su semillita plantada en el coño de todas las mozas que fueron encontrando por el camino, añadió. Por eso se nos ha quedado esta cara de moros, particularmente la de Agustín el Sargalero, cuyo nombre también debe ser de origen árabe porque termina por «al». La cara de moro y la amargura española del Vinagres y de los que teniendo ganas de irse a cualquier otro lugar tuvieron que quedarse en Valcorza, arañar estas tierras ingratas que dan justo para comer, y gracias (capítulo 3).

Valcorza es un topónimo ficticio, como lo son la Yoknapatawpha de Faulkner y la Comala de Juan Rulfo o el Macondo de García Márquez, así como, en nuestra narrativa contemporánea, la Artámila de Ana María Matute, la Región de Juan Benet, la Argónida de José Manuel Caballero Bonald o la Celama de Luis Mateo Díez. Pero Valcorza es el trasunto narrativo de un lugar real: el pueblo natal del autor, nacido en 1960 en un pequeño núcleo del interior, Villanueva de Huerva, aunque enseguida sus padres —como tantos personajes de la novela— emigraron a la capital. «Durante toda mi infancia y adolescencia he mantenido mis lazos con el lugar y la casa donde nací. Intelectualmente he crecido en la ciudad. Mi crecimiento emocional es campesino. La primera vez que tuve en mis brazos a una mujer fue en la plaza de mi pueblo, bailando un bolero. Mi primer beso sabía a carrasca y cigarrillo americano», declaró el autor[9], evocando dos detalles que aparecen en la obra.

Frente a otras novelas en las que el escenario marco de la acción se dibuja al modo de grandes cuadros, en *Llamando a las puertas del cielo* este va emergiendo de manera fragmentaria, como piezas sueltas de un mosaico que el lector debe ir armando, de la misma manera que debe ir reordenando o alineando el curso cronológico de los sucesos narrados. Los enclaves físicos del escenario natural tienen nombres elocuentes, cuyo sentido se explica en algunos casos, aunque resulte paradójico, como sucede con el cabezo Cienfuentes, «seco como un pellejo comido de cabra» (capítulo 6). Otros enclaves, aunque con un nombre propio, aparecen mencionados sólo como puntos en un mapa —la cueva del Moro, el pozo del Molino, la cuesta del batán, la paridera de Florencio—, o bien como espacios genéricos, sin más atributos. Es el caso del río. De otros parajes se destaca un elemento que repercute en la acción —el camino del Hoyo y su higuera (capítulo 24)—, y en ocasiones esos lugares genéricos se describen brevemente esbozando un paisaje: «El monte está que no puede más. Socarrado. Esperando las lluvias y el frío del invierno. Para morirse y resucitar en primavera» (capítulo 7). En el caso del pantano cuando fue vaciado y todo el pueblo acudió a ver aquel espectáculo imposible, la imagen trasciende el plano material para reflejar el tiempo allí depositado:

> ...se vació, dejando al descubierto el pan de rana y el fango, la bicicleta de Manolo el Bodollo con la carta que Timoteo el Modorro había escrito para Lola la Coja la víspera de matarse con el tractor, que había desaparecido un lunes en la puerta misma de La Rambla y nunca se supo dónde ni cómo, hasta que se secó el pantano destapando el mal olor, las viejas rencillas que esperaban turno anegadas por las aguas, con las alforjas de cuero de la bicicleta de correos del Bodollo que parecían un trapo escurrido, los barbos resecos y acartonados al sol y el rencor reseco igualmente (capítulo 20).

Los espacios abiertos del núcleo urbano de Valcorza apenas aparecen, salvo en aquellos episodios que narran una celebración,

---

[9]   En la entrevista concedida a Natalia Blanco y publicada en *Cambio 16*, 27 de junio de 2007, p. 15.

como la romería, los bailes, los funerales, el viacrucis de Semana Santa o la caída de la tarde. Sabemos que hay una plaza de la iglesia, y poco más. Quizás se debe a que la vida se desarrolla en espacios interiores, aunque las casas tampoco aparecen, salvo la del Piteras, porque es esencial para enmarcar el episodio bufo de su entierro, que se narra en el capítulo 18.

Sí tienen gran importancia aquellos otros espacios públicos cerrados, donde se desarrolla la vida colectiva del pueblo. Importa prestar atención a las relaciones que establecen entre sí y los contrastes que presentan los escenarios que tienen una misma función; por ejemplo, los que sirven al ocio o las distracciones y son el marco donde se desarrollan las relaciones sociales. Tal es el caso del bar La Rambla en oposición al casino. O años después, con los cambios que acarrea el tiempo, el contraste entre este y el *pub* de Felisón, o bien, más alejada, la discoteca Galaxia. Igualmente, en lo que respecta al prostíbulo Reina de Corazones, donde ya no ejercen mujeres llamadas Charo, Lola, Carmen o Jesusa, sino otras que responden al nombre de Cristy, Brenda o Natacha.

Un lugar destacado lo ocupa el cine Bonanza, omnipresente en la novela, y verdadero protagonista del capítulo 14, donde se recrea minuciosamente lo que allí suele suceder: el contenido de la cartelera, la reacción de los espectadores, el ambiente, el consumo de pipas y bebidas... e incluso la traslación de lo que se proyecta en la pantalla a la realidad prosaica: un día de alboroto en que tuvo que intervenir el sargento, de él comenta el narrador que «se parecía mucho al capitán, que quería ser novio de Jane pero nada de nada porque al final se quedaba con Tarzán». El declive del cine se inicia con la instalación de una televisión en el bar de Cosme y se acentúa cuando el cura José Enrique funda el teleclub. Y en este escenario no podía faltar un comercio, el colmado Comprebién —sometido asimismo al embate del tiempo—, ni una carnicería, si bien su presencia y protagonismo son escasos, al menos en comparación con el que alcanza la barbería de Arsenio, verdadero foro de debates, chismorreos y mil historias.

El análisis y estudio de los espacios y escenarios va estrechamente ligado al de la vida social de Valcorza y a la de algunos personajes destacados, por lo que más adelante volveré a este punto, y también me referiré a él en el apartado de las actividades.

Ahora quiero destacar cómo en todos ellos —públicos o privados, abiertos o cerrados— Antonio Ansón cuida muy bien de transmitirnos una serie de notas sensoriales que contribuyen a crear su peculiar atmósfera. En esta estampa de la hora de la siesta, la luz es el elemento más poderoso y determinante:

> El sol era implacable. Un sol de dioses para hombres agazapados en sus madrigueras. Bajo tierra. Al asomar la cabeza por un costado del toldo era imposible ver nada. La reverberación de la luz sobre las fachadas encaladas hacía daño. Sin matices, blanco intenso. Era necesario entornar los ojos para vislumbrar algo más allá del resplandor. [...] Las calles vacías. Solo al final de la tarde la superficie encalada y plana cobraba relieves, y el blanco uniforme se volvía blancos con texturas, grano, heridas. El cromatismo de la luz sobre la superficie blanca (capítulo 6).

La cualidad plástica o gráfica con que se presentan los espacios es una característica de la escritura del autor, cuya mirada sin duda se forjó o modeló a partir de su dedicación a los estudios sobre cine y fotografía. Ahora bien, además de las notas visuales, la atmósfera de un lugar o un espacio se crea a la vez con la suma de otras sensaciones. Dejando aparte las canciones y cánticos, los poemas recitados en público u otras referencias musicales que acompañan ciertos actos y celebraciones —referencias que sirven para dar contenido al tiempo, y no tanto al espacio—, los sonidos y los ruidos están siempre presentes en este retablo de Valcorza. Pueden ser espontáneos, aunque habituales, cuando proceden de la naturaleza: «Al concierto ensordecedor de las cigarras seguía el de los sapos» (capítulo 6); «Las ranas, por la noche, se desgañitan desesperadas» (capítulo 7). Otros acompañan ciertos ritos cotidianos —la corneta que anuncia la proclamación de los bandos municipales—, o festivos: así el retintín de las cadenas del Nazareno durante el vía crucis, la actuación musical del señor Palax en la función del circo —«tocando el saxofón con un bombo atado a la espalda y unos platillos que hacía sonar dando patadas» (capítulo 17)—, el chirriar de las butacas de madera en el cine, que se suma al ruido de las pipas descascarilladas y a la banda sonora del filme. Los ruidos también proceden del mundo del trabajo y de la vida cotidiana, teniendo en el repique de campanas la nota constante del día a día —no en vano el capítulo 18 es casi un tratado sobre este arte u oficio—, que tanto contrasta con el silencio de una noche de verano, donde sólo se oye una sombra.

A las notas visuales y auditivas se suman los olores: el del incienso y el de los hachones encendidos durante las procesiones, que huelen a muerto, como en la cueva del señor Decker; al finalizar el baile en la plaza, «acudíamos a la peña para seguir abrazándonos sumergidos en el olor a vinazo, cigarrillos, humedad y ramas de sabina, que colocaban entre los maderos, perfumando hasta hoy mismo mi memoria» (capítulo 23); en el colmado «olía a salazón, sardina rancia, congrio y bacalao, a longaniza, a tabaco, jabón de tajo, lejía y estopa, olivas negras, cuero, seda y a la grasa que protegía del óxido el hierro de los cuchillos y las hoces. Olía a clavos, a escabeche, caramelo de fresa, carboncillo, corchetes y mortadela. Y Julita olía a todo junto y más» (capítulo 10). Por otra parte, las notas olfativas contribuyen a caracterizar y diferenciar espacios similares, que desempeñan idéntica función, como observamos en el siguiente ejemplo: «En el Casino olía muy diferente que en La Rambla. Allí se perfumaban con tierra fresca, *after shave* y humo de faria. En La Rambla dominaba un olor agrio a gallinazo y a cabra, a picadura de liar y sudor rancio» (capítulo 22).

Todos estos rasgos o notas contribuyen a crear una intensa sensación de realidad, de verdad y vida, que nutre y realza el retablo social y humano que Antonio Ansón recrea en *su* Valcorza.

Valcorza: retablo social

Visto en su conjunto, en el abigarrado y singular retablo que componen los personajes de Valcorza llama la atención el predominio de los hombres, que superan ampliamente en número —también en protagonismo— al de las mujeres, tanto en el grupo de los adultos como en el de los niños y adolescentes. Quizás la explicación radique en el hecho de que las mujeres —las madres—, por entonces, estaban muy recluidas en sus casas, entregadas a las tareas del hogar y a otras obligaciones familiares, pero lo cierto es que tampoco se destacan en las escenas o estampas corales vinculadas a las celebraciones o los ritos eclesiásticos, como la romería de la Virgen o las procesiones de Semana Santa. Igual sucede con las niñas y las jóvenes, que apenas están entre los chicos salvo en el baile, como las demás mujeres. Resulta extraño que no figuren ni las hermanas o primas que seguramente tendrían algunos de ellos, o la hija de Paulina y Serafín —a la que se menciona de pasada (capítulo 29)—, que no participen en sus juegos y distracciones, siquiera en las menos salvajes y crudas. La excepción es Julita, que encarna los sueños eróticos del narrador y otros muchachos.

También hay una clara separación entre los personajes que constituyen «los pilares de la sociedad», representantes del Régimen que ostentan el poder y ejercen la autoridad en los distintos ámbitos de la vida colectiva, y aquellos otros que pertenecen al pueblo, mayoritariamente dedicados a las faenas del campo, el comercio o el desempeño de un oficio. El primer grupo lo forman alcaldes y curas. Son tres alcaldes y dos curas los que se suceden entre sí a lo largo del periodo, y el cambio de unos a otros señala las transformaciones históricas e intrahistóricas acontecidas durante el mismo. En ese grupo está también el sargento de la Guardia Civil Castiñeiras, que no llega a protagonizar ningún episodio específico ni ocupa un capítulo monográfico, como sí sucede con la mayoría de los personajes que integran este singular retablo social y humano, pero que sí está omnipresente en las páginas de la novela, quizá por desempeñar tareas de control y vigilancia. En un segundo plano, encontramos a Damián el Tomato —el alguacil afecto al viejo alcalde y que como él frecuenta el Casino junto con otros «camisas viejas»—; a don Arturo el médico, sin apenas relieve, como tampoco lo tiene don Ernesto el maestro. La escasa presencia de este personaje quizás pueda explicarse por que muchas historias de *Llamando a las puertas del cielo* transcurren durante las vacaciones o en días festivos, e incluso por que algunos de los personajes adultos protagónicos de niños estudiaron internos en un colegio de los escolapios, y no en Valcorza. Este hueco o vacío en torno al maestro —más llamativo aún si consideramos que el narrador es un niño— podría tener también una explicación histórico-social que señalase el escaso valor o cuidado de la educación pública durante el franquismo, e incluso de la inanidad e insignificancia de aquellos maestros, pues pese a lo difuminado de la figura sabemos que don Ernesto no vacilaba en hacer distinciones ni en repartir bofetones a los hijos de «los rojos» —Sebastián y Miguel—, y que al abandonar el pueblo dejó en el teleclub unos fascículos de historia y unas revistas de crucigramas.

Apenas hay mujeres en este grupo social, salvo Paulina Foz, no tanto por su pertenencia o identidad de clase sino en su condición de presidenta de Acción Católica, personaje que destaca también por ser, años más tarde, la primera mujer de Valcorza en sacarse el carnet de conducir.

Mucho más nutrida es la representación del sector popular, integrado por campesinos, comerciantes y artesanos —el herrero, el barbero—, u otros que desempeñan diversos oficios y tareas —el pastor, el cartero, el tabernero, el sacristán—, según veremos en el siguiente epígrafe, pues la mayoría de estos personajes están singularizados y son portadores de una historia propia, a veces reflejada en el apodo o el mote por el que se los conoce. En este grupo, las mujeres tienen un mayor peso y protagonismo, pero casi siempre aparecen ligadas a las peripecias o destinos de los varones. Caso aparte lo constituyen las prostitutas que ejercen en el Reina de Corazones, espacio situado fuera de la localidad.

En un plano más alejado se hallan otras figuras esporádicas e itinerantes. No pertenecen al microcosmos de Valcorza, pero su presencia allí contribuye a completar lo que *Llamando a las puertas del cielo* tiene de novela social, en el sentido de crónica o reportaje de una época y de unas formas de vida. Son más bien tipos humanos genéricos, que carecen del detallado perfil que tienen los lugareños, pero que aportan una nota de sesgo costumbrista. Hablo de los integrantes de las orquestas que amenizan las verbenas de las fiestas patronales, los miembros del circo Palax, el dueño de la barraca de tiro, el representante de las bolsas de patatas fritas y, sobre todo, de los forasteros y oriundos emigrados a la ciudad que regresan al pueblo durante el verano:

> Para el verano, y particularmente durante las fiestas, venían al pueblo muchos forasteros y veraneantes. Hijos de emigrantes que habían marchado a la capital, como el Adolfo, o incluso más lejos, como Serafín Modrego y su cuñado, Juan el Francés, y volvían al pueblo para que todos viésemos lo bien que les había ido y lo limpias que tenían las manos y los zapatos. Unos pelanas que las primeras veces consiguieron engañarnos

porque llegaban al pueblo en un Simca en lugar de en el coche de línea.
Pero enseguida nos dimos cuenta de que seguían siendo lo que siempre
fueron y jamás de los jamases conseguirían dejar de ser: unos muertos de
hambre que se comían los mocos y tenían las orejas llenas de sabañones,
por mucho móvil y mucho Land Rover que pasearan por las discotecas
(capítulo 25).

Además de la ingenuidad propia de la infancia que aflora
en algunos de sus juegos y diversiones, en los niños encontramos
igualmente las notas de la crudeza que caracteriza la vida de
Valcorza, y que se revela de manera particularmente despiadada
en su relación con los animales o en la venganza que se cobran
con el Piteras (capítulo 25). Esa crudeza se manifiesta asimismo
en el despertar erótico o sexual. También los vemos actuar a
impulsos del rencor, como cuando roban la bicicleta de Manolo
el Bodollo —que además de cartero, se encarga de proyectar las
películas—, en respuesta al «cabreo monumental» que sienten por
el desenlace de *Espartaco*. El cine es prácticamente el único espacio
donde tienen cabida la ensoñación y la fantasía, y donde advertir
la mímesis de los niños y los héroes de la pantalla. También sus
gustos y preferencias evolucionan a la par que el cine y la música,
por lo que conviene prestar atención a todas estas referencias que,
en conjunto, trazan la crónica de la educación sentimental de una
generación.

Por supuesto, se nos dan rasgos concretos de algunos muchachos. Adolfo es uno de los personajes más destacados en el grupo de
los niños o compinches y amigos de Andrés el narrador, junto con
el Tocateja y Julita, de quienes se nos cuenta su paso a la madurez
y algunos detalles de su vida adulta, además de su destino y su
muerte. Fuera de este círculo, de esa generación joven sabremos
también cómo se desenvuelve el futuro de los hijos del alcalde don
Julián, que tuvieron que ponerse a trabajar: «La hija de maestra. El
pequeño se quedó en el pueblo labrando las tierras y también ha
llegado a alcalde, como su padre» (capítulo 20).

Que los niños-adolescentes aparezcan en la novela casi
siempre como grupo, en escenas corales y sin un especial relieve
individual, se explica por lo que *Llamando a las puertas del cielo*
tiene de novela de formación y aprendizaje, contando el desa-

rrollo y la forja del carácter, el proceso que va de la infancia a la adolescencia y juventud en lo que atañe a la circunstancia histórica, los hechos y sucesos determinantes o condicionantes, el paso del tiempo y los cambios y transformaciones que este acarrea. En este sentido, la obra es también un minucioso retrato que perfila la educación sentimental de una generación, la del autor, a la que Antonio Ansón se ha referido en estos términos:

> Mi generación es muy «literaria», porque ha llegado tarde a casi todo. Cuando murió Franco éramos muy jóvenes para participar en la Transición, y luego hemos sido muy mayores para la España de la modernidad y de los colorines. El pintor Pepe Cerdá lo expresa con una frase demoledora: los que mandan tienen 10 años más... o 10 años menos. Y es verdad: hay muy poca gente de nuestra generación que ocupe cargos con poder. Somos el eslabón perdido.[10]

Valcorza: memoria colectiva e intrahistoria

> En los pueblos nada ocurre en balde. Y la memoria tiene otra dimensión y un alcance distinto al que se le atribuye en la ciudad. La memoria en los pueblos no sirve para recordar, sino para que no se olviden las cosas. Pasan los años, y el momento llega en que hay que rendir cuentas por esto o por aquello (capítulo 24).

En *Llamando a las puertas del cielo* tenemos un vasto cuadro de costumbres sociales e intrahistóricas, a veces trazado con acentos líricos pero también con el tono de una épica menor —una epopeya popular de ambiente—, en el que aparecen personajes representativos de distintas facetas del vivir, de los modos de ser y de sentir, atendiendo a creencias, tradiciones, celebraciones, costumbres, supersticiones u otros aspectos de la sencilla y difícil vida cotidiana. Todo aquí rezuma realidad y concreción: espacios y figuras están repletos de detalles que expresan lo que la novela tiene de relato de la vida cotidiana, especialmente en lo que atañe al mundo del trabajo o a las condiciones en que se desarrolla el día a día, siempre desde un enfoque realista que, desde el humor y la ironía, contiene también un elemento crítico o de denuncia.

---

[10]   Entrevista concedida a Mariano García y publicada en *Heraldo de Aragón* (27 de junio de 2007), p. 13.

Así, quiero destacar el capítulo 19, donde vemos a Miguel Zalaya en el matadero cuando sacrifica una res, la despelleja y la cuelga boca abajo para ir vaciándole las vísceras y preparándola para luego, en la carnicería, cortarla «en trozos sobre un tocón mediante golpes certeros y caricias sobre la carne». La soledad de la vida de un pastor, siempre en el monte con las ovejas y en la paridera, así como la crudeza de la misma, se plasma en el personaje de Florencio, y especialmente en el capítulo 26, que, además de trazar su biografía, narra con humor negro el patético incidente de la infección que contrae por practicar la zoofilia. También vemos a Remedios Blasco sumergida en el río hasta las rodillas, «con la falda arrebujada en la cintura, mientras sacudía el canasto de mimbre en mitad de la corriente», lavando la lana de los colchones, y a su madre y hermana limpiando «uno por uno los vellones de motas y de pajas» (capítulo 4). Y muy a menudo se nos traslada a la barbería de Arsenio, donde lo vemos ejercer tiránicamente su oficio; o nos encontramos junto a Cosme, el dueño del bar La Rambla atendiendo y despachando a los clientes, que juegan sus rituales partidas de cartas. La fragua de Constantino el Piteras es un ámbito que sirve para establecer una analogía con Valcorza entera a la hora de la siesta: «El pueblo entero parecía una fragua. Un hierro rusiente sin el repiqueteo del mallo de Constantino sobre el yunque» (capítulo 6).

El trabajo en el campo, las faenas agrícolas, aparecen punteadas en varias ocasiones, atendiendo ante todo a los cambios que trae el paso del tiempo. Serafín el Modrego es el principal personaje que da cuenta de ellos, desde cuando, de sol a sol, se rompía «los riñones segando las cebadas de Julián el Calderetas con un botijo y dos sardinas rancias» (capítulo 30), pasando por las seis campañas que trabajó recogiendo remolacha en Francia, hasta que en los últimos años pasa de explotado a explotador, tras la inmigración a la ciudad de las gentes de Valcorza, donde ya no queda nadie que quiera labrar las tierras o recoger los frutos, salvo los inmigrantes extranjeros. Más adelante se nos ofrece una estampa de la nueva realidad derivada de los adelantos que el progreso mecánico introdujo en las faenas agrícolas:

Hasta que llegaron los invernaderos y de los campos más yermos, los más duros de labrar, con más piedras, crecieron tomates bajo un mar de plásticos. Embadurnaron las matas de pesticidas hasta envenenarlas y engordaron los tomates a paletadas de pienso, como a cerdos, rojos, redondos, perfectos, por toneladas, que tiraban para sostener el precio y ni las cabras podían comérselos porque caían enfermas (capítulo 24).

Como en todo el ámbito rural, también en Valcorza la vida está estrechamente vinculada al ciclo de las estaciones, y en aquellos años el calendario era más litúrgico que civil: «Hasta transcurridos dos San Blas y una Virgen del Camino», dice el narrador en el capítulo 4 para calcular y dar cuenta del tiempo que medió entre una y otra petición de baile a Remedios por parte de Miguel Zalaya. Y es que las costumbres y las tradiciones, las fiestas y los juegos, el entretenimiento y el ocio, integran el tejido intrahistórico de la novela, plasmado en cuadros llenos de vida, amplios y variados, que cuando retornan evocados o contados por distintos personajes suelen contener algún detalle o matiz nuevos. Préstese atención a todo aquello vinculado a la Iglesia —las misas, los cortejos fúnebres, el rito de los velatorios—, donde se percibe la estratificación social y el orden que rige la vida cotidiana, una manera de comportarse establecida por quienes detentan el poder y acatada por la mayoría, salvo en algunos pocos casos. Es mayoritariamente durante las jornadas festivas cuando se despliega este variopinto retablo social que Antonio Ansón evoca y recrea. Además de algunas de las actividades ya mencionadas, asistiremos a la sesión vermú que sigue a la misa dominical, las partidas de cartas en La Rambla, las programaciones del cine y después de la televisión o el teleclub, la actuación de la *troupe* circense, los partidos de fútbol entre solteros y casados, etcétera. En todas y cada una de estas ocasiones que pintan la intrahistoria festiva de Valcorza se van pautando los cambios y transformaciones que opera el paso del tiempo, especialmente en el grupo de los niños y adolescentes.

Algo que a la vez se aprecia en las modas y en los gustos, artísticos y estéticos, pues Antonio Ansón atiende con primor a los aspectos menudos de la vida cotidiana, trátese de ropas e indumentaria —el difunto «Timoteo estaba vestido con un pantalón limpio y camisa azul claro. En calcetines. De esos de puntera y talón de color más claro que el dibujo del punto» (capítulo 2)—, las comidas y bebidas que se degustan en el bar La Rambla —una cabeza con patatas y media vuelta de longaniza, ternasco, vino, carajillos, calamares fritos, un revuelto, copas de sol y sombra—, las meriendas de los niños cuando van a bañarse al río, hasta otros detalles más singulares e incluso excéntricos: el traje zaino y muy ajustado, las medias oscuras y los zapatos de tacón de aguja que luce Julita; y las muy estudiadas poses y ropas del impar Eladio Casasús, además de su retórica, como veremos al detenernos en el personaje.

En tan abigarrado conjunto no podían faltar los animales, algunos de ellos configurando el núcleo de un suceso o de una escena. Ya ha aparecido aquí el galgo que le come una pierna a Miguel Zalaya, y hay más perros en la novela: Serena, la del pastor, una churra a la que el barbero atiende con más primor que a nadie, dejándola «con permanente y perfumada como una señora» (capítulo 12); aquellos otros a quienes torturan los chicos o los que siguen a Juan el Francés nada más verlo aparecer y se tendían «ofreciéndole su sexo sonrosado y húmedo para que los masturbara» (capítulo 5); gatos que se adueñan del matadero al acecho de despojos (capítulo 19), la línea alargada del rebaño de ovejas dibujándose a lo lejos, la cabra del circo ejecutando su numerito (capítulo 17), los barbos resecos y acartonados al sol que afloran al vaciarse el pantano (capítulo 20), los sapos y las ranas cuyo croar ya he destacado, los gusanos que crecen en las brevas frescas, y las moscas, omnipresentes en los cadáveres, en la sala de cine o en la infección que padece Florencio.

Valcorza: un retablo existencial y humano

Páginas atrás, al esbozar una primera representación de Valcorza en su conjunto, señalé los rasgos más peculiares que caracterizaban a los distintos grupos en función de la clase social, la edad o el género al que pertenecían. En este apartado, por consiguiente, me detendré en los personajes principales, atendiendo tanto a sus rasgos psicológicos como al papel que desempeñan y las características que añaden al gran retablo humano y existencial que Antonio Ansón apresa en las páginas de su novela.

Apenas empezamos a leer *Llamando a las puertas del cielo*, la nota más llamativa que apreciamos es el apodo o mote con que el narrador se refiere a la mayoría de ellos, pues a menudo se les conoce más por estos que por el nombre propio, salvo en unas pocas excepciones, que por lo común atañen a personajes cuya profesión o función, en sí mismas, sirve ya para distinguirlos. Así, y aunque por lo general no son los que pertenecen al pueblo y tienen un mínimo protagonismo en esta historia colectiva quienes se libran del apodo, ahí tenemos a Cosme el de La Rambla; junto con don Ernesto el maestro, don Arturo el médico, el sargento Castiñeiras, mosén Antonio y José Enrique, el nuevo cura.

Interesa detenernos en estos dos últimos personajes, tan opuestos y diferentes entre sí como el haz y el envés o las dos caras de una misma moneda. Ellos y la pareja de alcaldes —que sí cuentan con apodos— expresan palmariamente los cambios operados en Valcorza —y en toda España— a lo largo de los años en que transcurren las historias aquí narradas. Mosén Antonio es una figura del viejo Régimen, que adoctrina más allá de los preceptos religiosos que corresponden a su responsabilidad, inmiscuyéndose en las costumbres y hábitos y conductas de sus parroquianos; un cura que ejerce de manera autoritaria sus funciones en tanto que ministro de Dios —también en momentos de ocio y disfrute, como cuando arbitra el partido de fútbol entre casados y solteros—, siempre vigilando e infundiendo temor hasta el punto de que, «a excepción de los cuatro de siempre», nadie se atreve a faltar a la misa de once los domingos, como tampoco a la despedida que le tributan y que se narra en el capítulo 20; un hombre que amenaza y sanciona con penitencias y castigos conforme a la potestad que su condición le otorga; o pide dinero para satisfacer diversas necesidades de la Iglesia: «En el sermón del Jueves Santo explicó que [la peluca del Nazareno] andaba muy apolillada y se caía a trozos, y que en lugar de ir a emborracharse a La Rambla más nos valía a todos dejar un donativo en condiciones» (capítulo 15).

Por el contrario, desde el mismo momento de su aparición el nuevo cura trae ya notables cambios respecto a su sucesor. Para empezar, la cercanía que supone hacerse llamar así, sin más distinciones, ni ensalzarse o reforzarse con otros elementos propios de su rango, como podría ser el uso de la sotana. Cuando llega, conduciendo un «dos caballos», lo confunden con el representante de las bolsas de patatas fritas; y a los pocos días, cuando Gregoria Samper se suicida de una cuchillada, procede a darle cristiana sepultura, «sin más peros que el estricto respeto a las formalidades judiciales y forenses» (capítulo 20). Es importante apreciar la transformación que José Enrique introduce en los ritos eclesiásticos y también cómo se mezcla y convive con los habitantes del pueblo, poniéndose a su servicio y desarrollando actividades de carácter cultural que enriquecen la vida cotidiana, especialmente la de los niños y la de los jóvenes. Su presencia marca como pocas otras la apertura y el progresismo que también va abriéndose camino en la Iglesia española, con una nueva hornada de curas jóvenes, a algunos de los cuales se les llamó curas obreros:

> La gota que hizo desbordar el vaso de la concordia fue el empeño de José Enrique en ponerse a trabajar por las mañanas en la fábrica de boinas de Valroya. Que el cura organizara fiestas en su casa, que tomara vermú en La Rambla, que llevase pantalones vaqueros y tocara la guitarra, vale. Pero que quisiera trabajar en el taller de confección no tenía ni pies ni cabeza. A dónde íbamos a parar. Ni siquiera al Sargalero, que empezaba a ejercer de oposición, le pareció bien (capítulo 27).

El humor y la ironía que tiñen *Llamando a las puertas del cielo* casi rozan la irreverencia en el pasaje que cito a continuación, ejemplo del desapego y casi el desprecio del nuevo cura para con aquellas prácticas religiosas exentas de una verdadera devoción espiritual, y degradadas en rutina o compensación de un vacío:

> José Enrique había reducido la misa de once a la mínima expresión, hasta convertirla casi en una misa conceptual, como hubiera dicho el mismo Eladio Casasús. Ahora tenía que dar la comunión a las cuatro beatas que olían a muerto y seguían empeñadas en recibir la extremaunción todos los domingos. Para rezar el rosario les había grabado una casete con padrenuestros y avemarías y dejaba a Remedios Blasco, con medias negras y viuda, encargada de darle al *play* y al *stop* al final de cada estación. José Enrique no daba abasto y, como el pescatero sardinas frescas, repartía misas por todos los pueblos de la rodada, incluidos Valroya y Valtán. No le hacía falta tocar la bocina, que para eso tenía en cada pueblo una campana que hacía sonar desde el magnetófono por los altavoces de la torre, y las viejas salían de sus casas como cucarachas camino de la iglesia (capítulo 34).

Otra pareja de personajes masculinos adultos pautan también la evolución habida en la sociedad española durante el periodo que recorre la novela. Son los dos alcaldes: don Julián el Calderetas y Agustín el Sargalero. El primero de ellos infunde más miedo que respeto y es un fiel representante del régimen franquista y del secular caciquismo que imperó en el campo español, si bien sus medios materiales eran bastante paupérrimos: dos machos con que arar la tierra y luego, años más tarde, un tractor. Es a la vez un veraz representante de la corrupción política, con el amaño de las elecciones, los pucherazos o la compra de votos. El último retrato que se nos da de él, tras perder las elecciones, me parece elocuente: solo «en su casón de viudo delante del televisor comiéndose unas sopas de ajo con las risas y los petardos del pueblo como música de fondo» (capítulo 7).

Su contrincante y sucesor, Agustín el Sargalero no es tampoco una figura edificante. Es un verdadero trepa, hipócrita y farsante, que enseguida comprendió «que para triunfar en la vida una de las cosas más importantes era conocer el nombre de las señoras de todos los que le daban la mano» (capítulo 34); un hombre que cuida las apariencias, poniendo «cara de mucha preocupación. Y calladito. Y venga traje del Corte Inglés»; un alcalde que «cuando ya no supo qué prometer a los vecinos de Valcorza, marchó a la capital y alcanzó un puesto importante en el gobierno» (capítulo 27). Este personaje encarna otro tipo de corrupción que por desgracia ha ensuciado también la vida política de la democracia española: el trapicheo económico, el enriquecimiento ilícito, el uso del cargo público en beneficio propio. No extraña que quien le sucederá al frente del ayuntamiento, el hijo pequeño del anterior alcalde, no tenga que esforzarse para lograr el puesto: «Le bastó con presentarse a las elecciones cuando el Sargalero se había hecho tan rico robando que ya no recordaba ni su nombre» (capítulo 20).

La ya mencionada escasa presencia de las mujeres en la novela explicaría la casi ausencia de motes o apodos en ellas. Normalmente se las menciona en su condición de madres —Gregoria Samper, la del Modorro; Sagrario, la del Florencio— o de esposas —Remedios Blasco, casada con Miguel Zalaya; Paulina Foz, con Serafín—. Sólo tienen apodo la mujer del Piteras —Margarita la

Ratona—, la madre de Julita que regenta la tienda de ultramarinos —Mercedes la del Comprebién—, y la prostituta a quien corteja Timoteo el Modorro —Lola la Coja—. Aun así, cada una de ellas tiene algún rasgo singular que define su carácter, resume un percance o episodio de su vida o el modo de su muerte. Lo mismo sucede con los niños-adolescentes. Del hijo de Margarita y el Piteras ni siquiera conocemos el nombre; sólo que se quedó un año sin hacer la primera comunión, en cumplimiento del castigo impuesto por mosén Antonio. De Julita, la hija de Mercedes la del Comprebién, sí tendremos más noticias, quizá por ser la niña de quien se enamora Andrés el narrador; y lo mismo sucede con otros dos de sus amigos que encarnan los destinos completamente opuestos de esa generación: Adolfo, que se «marchó a la capital para casarse y para hacerse rico» (capítulo 8), y Ernesto, víctima de las drogas: «El caballo dio con Ernesto el Tocatejas en la cárcel, primero, y en el reino de los cielos, después, que se mató ese mismo año con una moto estampándose contra el letrero del río Altán» (capítulo 23).

Entre los chicos encontramos, a veces, a Ambrosio el Renacido, que lo sigue a todas partes e imita su conducta. Es el único «que siempre fue feliz en Valcorza […], que se reía constantemente. Hasta en los entierros. Sin que nadie lo tomara a mal. Porque Ambrosio era tonto perdido» (capítulo 38). También lo encontramos con los hombres en la barbería y su presencia aporta siempre una nota cómica y absurda: «Escuchaba y sonreía como si le estuvieran contando un chiste sin gracia, babeando con la boca abierta, moviendo los labios como si quisiera decir algo, sin decir nada de nada» (capítulo 12).

Ambrosio es un buen ejemplo de personaje perfilado a partir de un episodio de su vida que explica el apodo que le ponen. Es el caso también del carnicero Miguel Zalaya, un personaje más polifacético y desarrollado que el anterior, pues protagoniza varios episodios de distinto carácter: la orfandad y la mezquina vida de su infancia, el disparatado cortejo a Remedios Blasco, la penitencia del viacrucis, la muerte absurda. Su apodo, el Tres Patas, y la historia que lo origina rozan lo maravilloso o el llamado realismo

45

mágico. Pablo Lorente ha señalado que este episodio puede estar relacionado con el milagro de Calanda[11].

La relación entre Miguel Zalaya y Sebastián el de los Colchoneros —descontando el trágico final de aquel a manos de este— es un ejemplo de las vidas paralelas o de los tramos de vida en común que comparten algunos personajes, como sucede también con Juan el Francés y Serafín el Modrego —que además acabarán siendo cuñados—, primero como peones de las tierras de don Julián cuando eran mozos y luego como emigrantes en Francia. Este último acabará siendo un patrón igual de codicioso y despiadado con los inmigrantes extranjeros que suplen la falta de mano de obra local en el campo. A Juan el Francés, de buen carácter pero dado a la bebida, su apodo le viene de esos años de temporero en l'Oise. De allí proceden algunos otros rasgos de su carácter y personalidad, que en ocasiones bordean lo bufonesco.

La muerte de Timoteo el Modorro es la primera que aparece en esta rueda fúnebre de Valcorza. Una muerte violenta, como la mayoría, si bien la suya debida a un accidente. Pese a lo trágico de la circunstancia, la escena mortuoria tiene una nota grotesca: «le habían tapado la cara con un plástico para que no manchara la sábana. Media cara. Porque la otra media se había quedado embutida, como carne para albóndigas había dicho su madre, la Gregoria, entre los hierros del tractor y la tierra recién labrada...» (capítulo 2). El apodo le viene de su carácter ensimismado, ya desde niño, cuando siempre estaba «pensando en lo suyo, y había que repetirle las cosas dos veces hasta que volvía en sí, tranquilamente, tanto que daba tiempo a echar un coto y repetir la pregunta...» (capítulo 2).

Y también es un rasgo de su personalidad lo que motiva el merecido mote de Arsenio el Vinagres, cuyo mal carácter se mani-

---

[11] «Precisamente, al joven Miguel Juan Pellicer de dicha población aragonesa le fue restituida su pierna derecha el 29 de marzo de 1640. Desconozco si Ansón se ha basado en este hecho y lo ha incorporado a su novela como un acontecimiento más del devenir de la historia, en cualquier caso, lo que parece más probable, es que este milagro, que forma parte del imaginario colectivo de los aragoneses, sea incluido como una forma más de identificación cultural» (*Narrativas*, nº 20, enero-marzo de 2011, p. 123).

fiesta a las claras en sus dominios —la barbería— y cuando juega las partidas de cartas. Es también un personaje que aporta grandes dosis de comicidad, tanto por su tozudez como por la escasa competencia que muestra en su oficio. «Arsenio solo disponía de esas dos únicas interpretaciones para una misma partitura: a raya o hacia atrás, fuera hombre, niño o animal, porque al Vinagres le dio una temporada, que andaba seco de tanto ir de putas, por esquilar las ovejas de Florencio, que también peinaba a raya o hacia atrás, según se le antojaba» (capítulo 12). Aun así, «atento a las nuevas tecnologías, cambió su maquinilla manual por otra eléctrica, que dejaba la molondra despejada en dos pasadas» (capítulo 12). Arsenio estudió interno en el colegio de los escolapios, junto con Eladio Casasús, de manera que encontramos entre ellos otro de esos rasgos paralelos de los que hablé, sumado a la soltería de ambos. Pero hasta aquí llegan las similitudes. Morirá «delgadísimo y vomitando maldiciones. De esa enfermedad de maricones. El SIDA. Sin serlo. Seguro. Porque el único maricón que teníamos en el pueblo era Florencio el Pastor (capítulo 12)».

De Florencio el Pastor ya he señalado su lejanía, su situación de personaje casi descolocado del mundo de Valcorza, salvo cuando enferma y durante los últimos años de su vida, cuando se instala en la casa de su madre. Desde un punto de vista funcional o estructural, su figura se corresponde más con la de Eladio Casasús, en lo que atañe a esa posición excéntrica que ambos ocupan en el retablo del pueblo, aunque sean como la cara y la cruz de una moneda y la relación entre ellos se dé sólo a partir del contraste y la oposición.

Eladio Casasús tiene un espacio propio en la vida colectiva por su rotunda y extravagante personalidad, visible en sus ropas, poses o gesticulación. Ocupa siempre el lugar central de las escenas corales o de las estampas colectivas pero en realidad no es un personaje producto del mundo rural, como lo muestran sus relaciones con los amigos de Barcelona que van a verlo. Su perfil es el de un hombre culto por sus lecturas, por la filiación kantiana de su pensamiento, por las habilidades o inclinaciones poéticas y por sus conocimientos artísticos. Lo cual no lo hace inmune a la comicidad o el ridículo, sino todo lo contrario, pues las peroratas que acostumbra a soltar no se ajustan ni a las circunstancias ni al público al que las dirige. La posible elevación de su figura se rebaja considerablemente cuando, en la primera etapa de su vida, va siempre uniformado con una camiseta del Barça. Ahora bien, Eladio es sin duda un personaje poliédrico, como lo prueba su transformación última, cuando se va a vivir a una cueva —alejada del pueblo, igual que la paridera del pastor— y se hace llamar señor Decker. Otra nota cómica de un personaje al que tildarán de «el loco», en paralelo a Ambrosio, el tonto. Casasús-Decker encarna como ningún otro el paso del tiempo y los cambios que este acarrea, pues su deriva última entronca con un *hippysmo* trasnochado y las formas de vida alternativa. Cada una de las facetas de su múltiple personalidad no es ajena al delirio:

…su afición al balompié, porque Eladio Casasús hablaba siempre del deporte del balompié, y en particular su pasión animal por el Fútbol Club Barcelona, echaron por tierra *La crítica de la razón pura*. Lo de cambiar de nombre fue un último acto de rebeldía. Bueno, el último último, no. Hubo otro más, cuando decidió, durante las últimas fiestas que pasó en el pueblo, antes de hacerse una coleta y recluirse en su cueva de *hippy*, declarar Valcorza república independiente (capítulo 32).

Su muerte, aunque exenta de los componentes trágicos o dramáticos de otras, es tan desoladora como patética:

Nos dimos cuenta de que se había muerto porque la planta de marihuana estaba seca y pudriéndose, igual que el señor Decker en su cueva. Nos quedamos fuera porque apestaba y avisamos al sargento Castiñeiras, que de inmediato se hizo cargo y puso al corriente a las autoridades competentes. Se llevaron al señor Decker en una caja de muertos que puso el Ayuntamiento (capítulo 28).

Llamando a las puertas del cielo es una novela tan variada y rica en su composición y en los aspectos formales que articulan el relato, como en los personajes y las historias que protagonizan, cuyo conjunto da cuenta de un proceso histórico, político, social y económico que cubre medio siglo de la vida de España, también en el plano cotidiano e intrahistórico.

2 BIBLIOGRAFÍA

BIBLIOGRAFÍA

Sobre *Llamando a las puertas del cielo*

Blanco, Natalia: «Somos el paisaje que guardan nuestros ojos». Entrevista publicada en *Cambio 16* (27 de noviembre de 2007), pp. 14-15.

Escuín, Ignacio: «Antonio Ansón y su lugar», en *Heraldo de Aragón*, 27 de septiembre de 2007, pp. 8-9.

García, Mariano: «Mi generación ha llegado tarde a casi todo». Entrevista publicada en *Heraldo de Aragón* (27 de junio de 2007), pp. 12-13.

Lorente, Pablo: «La novela rural: Antonio Ansón. *Llamando a las puertas del cielo*», en *Narrativas*, nº 20, enero-marzo de 2011, pp. 121-123.

Martí Alonso, Nacha: «La inquietante Valcorza», en *Turia*, noviembre de 2007.

Sánchez Vidal, Agustín: «Transición», en *Heraldo de Aragón* (24 de junio de 2007), p. 9.

Senabre, Ricardo: «Llamando a las puertas del cielo», en *El Cultural. El Mundo*, 20 de septiembre de 2007, p. 18.

Soler, Eva: «Profundidades de España», en *Levante. El Mercantil Valenciano*, 4 de abril de 2008, p. 4.

Sobre novela española contemporánea

Alborg, José Luis: *Hora actual de la novela española*. Madrid, Taurus, 1958-62 (2 vols).

Alonso, Santos: *La novela en la transición*. Madrid, Libros Dante, 1983.

Álvarez Palacios, Fernando: *Novela y cultura española de postguerra*. Madrid, Edicusa, 1976.

Buckley, Ramón: *Problemas formales de la novela española contemporánea*. Barcelona, Península, 1968.

—, *Raíces tradicionales de la novela contemporánea en España*. Barcelona, Península, 1982.

—, *La doble transición. Política y literatura en la España de los años setenta*. Barcelona, Siglo XXI, 1996.

Domingo, José: *La novela española del siglo XX*. Barcelona, Labor, 1973 (2 vols.).

Encinar, María Ángeles: *La novela española actual: La desaparición del héroe*. Barcelona, Anthropos, 1990.

Escudero Prieto, Víctor: *Salir al mundo. La novela de formación en las trayectorias de la Modernidad hispanoamericana*. Madrid, Iberoamericana-Vervuet, 2022.

Gil Casado, Pablo: *La novela social española*. Barcelona, SeixBaral, 1973.

—, *La novela deshumanizada (1958-1988)*. Barcelona, Anthropos, 1990.

Gracia, Jordi, y Ródenas, Domingo: *Historia de la literatura española, 7. Derrota y restitución de la modernidad, 1939-2010*. Barcelona, Crítica, 2011.

Martínez Cachero, José María: *La novela española entre 1939 y 1980. Historia de una aventura*. Madrid, Castalia, 1997 (2ª edición).

Navajas, Gonzalo: *Mimesis y cultura en la ficción. Teoría de la novela*. Londres, Tamesis Books, 1985.

—, *Teoría y práctica de la novela española posmoderna*. Barcelona, Mall, 1978.

Ortega, José: *Ensayos de la novela española moderna*. Madrid, Porrúa-Turanzas, 1974.

Roberts, Gema: *Temas existenciales en la novela española de postguerra*. Madrid, Gredos, 1973.

Rodríguez Fischer, Ana: *Por qué leemos novelas*. Barcelona, Ariel, 1988.

Sanz Villanueva, Santos: *Tendencias de la novela española actual*. Madrid, Edicusa, 1972.

—, *Historia de la novela social española*. Madrid, Edicusa, 1980 (2 vol.).

Sobejano, Gonzalo: *Novela española de nuestro tiempo (en busca del pueblo perdido)*. Madrid, Prensa Española, 1975.

Spires, Robert: *La novela española de postguerra*. Madrid, Cupsa Editorial, 1978.

Vilanova, Antonio: *Novela y sociedad en la España de postguerra*. Barcelona, Lumen, 1995.

LLAMANDO A LAS PUERTAS DEL CIELO es un relato sobre la Transición española, una sociedad rural que llama a las puertas de Europa, tratando de sobrevivir a su historia y a sí misma, una metáfora sobre la aldea que llevamos dentro, porque Valcorza podría ser cualquier lugar de España, y ninguno.

3   LLAMANDO A LAS PUERTAS DEL CIELO

1.

En el cementerio de Valcorza nos han ido enterrando a todos. Uno tras otro. Uno tras otro. Me consta que a Julita le di mucha pena, y que se deshizo en lágrimas cuando se enteró de que me había ahogado en el pozo del Molino. Así es la vida. O la muerte. Qué le vamos a hacer. Tarde o temprano llega el momento de rendir cuentas y se acabó. De nada sirve ponerse sentimental. Rezar todas las oraciones que uno recuerda. Cagarse de miedo. Toca, pues toca. Y a pagar. A tocateja. Como mi amigo Ernesto.

Se abre un agujero en la tierra, o en la pared. Un saco de cemento y un par de carretillos de tochos, y a dentro que te vas. Santas Pascuas. Lo último que pensé cuando se me estaban llenado los pulmones de agua y de cangrejos es que había dejado el bancal de melones con la tajadera abierta. La que se iba a organizar en los ramblares. Hay cosas que no tienen remedio. Y lo que no tiene remedio mejor dejarlo estar. Que corra y lo arrastre el tiempo. Y se lo lleve. A rastras por el barranco de la vida. Envuelto en fango. Dando tumbos. Y ya está.

El último en morir fue Juan el Francés, que siguió cantando boleros muchos años. Se hizo viejo. Una barbaridad. Por eso está enterrado en la parte nueva. En un nicho de ladrillo caravista. Los demás nos hemos ido pudriendo en la tierra, con nuestro cajón de muerto y nuestro silencio. Y nuestra memoria. Que ya no sirve para nada.

2.

Me crucé con el Piteras justo después de cenar, en el barrio bajo, con el gesto descompuesto, y un par de zapatos en la mano.

—Voy para casa a echar algo al cuerpo —me explicó—, a ver si me templo.

No quise preguntar por los zapatos. Porque el Piteras iba vestido de arriba abajo. Y además eran de muda y el Piteras llevaba el mono puesto. Y las botas. Hablaba gesticulando como si no tuviera nada en las manos. Pero yo no podía dejar de mirar y seguir con los ojos las figuras geométricas que dibujaban los zapatos ilustrando sus explicaciones.

—Ahí los he dejado. Con su muerto.

A Timoteo el Modorro, le habían tapado la cara con un plástico, para que no manchara la sábana. Media cara. Porque la otra media se había quedado embutida, como carne para albóndigas había dicho su madre, la Gregoria, entre los hierros del tractor y la tierra recién labrada de Valcorza, más allá del pozo de los Colchoneros, casi en el término ya de Valroya. Le llamaban el Modorro porque siempre anduvo ensimismado, desde niño, pensando en lo suyo, y había que repetirle las cosas dos veces hasta que volvía en sí, tranquilamente, tanto que daba tiempo a echar un coto y repetir la pregunta, a la que Timoteo respondía entonces como despertándose pero con precisión.

Y por eso, porque le faltaba media cabeza, lo habían puesto con la parte buena mirando a la calle, en el patio fresco de su casa, encima de un cañizo, sobre dos mesas, para que todo el pueblo pudiera llorar la desgracia y saludar a su madre que no paraba de suspirar en un pañuelo a cuadritos lleno de mocos y de servir aguardiente y anís a todos cuantos aceptaban su ofrecimiento. Timoteo estaba vestido con un pantalón limpio y camisa azul claro. En calcetines. De esos de puntera y talón de color más claro que el dibujo del punto.

—Pero mujer, ponle los zapatos —dijo nada más llegar Constantino el Piteras, amigo del difunto, herrero y borrachuzo, sin afeitar, desde la puerta, sin atreverse a entrar, con las manos en los bolsillos del mono azul.

Y entonces Gregoria Samper, madre del Modorro, estalló a llorar con un llanto inconsolable y furioso que espantó a Constantino sumiéndolo en un inquebrantable silencio. Explicó Gregoria que lo habían intentado pero estaba ya tan tieso que tenía los dedos de los pies rebrincados y no hubo forma de ponerle los mocasines.

—Están sin estrenar —decía, enseñándoselos al amigo de su hijo—, todavía huelen a nuevos —añadió metiendo las narices en el cuenco e invitando a continuación a comprobar la verdad de lo que decía, como si quisiera vendérselos.

Constantino declinó el ofrecimiento y aceptó una copita de aguardiente. Entonces la Gregoria quitaba la sábana y descubría el plástico, que lo tenía pegado a la cara tumefacta y hacía un ruido como de envoltorio de carnicería al retirarlo.

—Fíjate cómo ha quedado el pobre —decía.

Y la verdad es que aquello ya no era el Modorro. Como tuviera que resucitar con esa cara andaba listo, pensó, echando el cogote para atrás vaciando de un trago la copa de aguardiente.

La sábana estaba llena de moscas, a pesar del cuidado que ponían Margarita la Ratona y Remedios Blasco en espantarlas. Cada vez había más gente y hacía más calor y los que iban llegando empujaban a los otros hacia el muerto hasta hacerse un sitio desde donde mirar y atender a las explicaciones. Y cada vez que llegaba algún vecino Gregoria repetía el ritual de la sábana y la bolsa de plástico de Galerías Preciados, que había recortado para pegársela a Miguel sobre la sangre untosa del socavón, como si lo hubiera hecho toda la vida y toda la vida tuviera como designio seguir repitiendo la misma historia.

—Dijo que venía a comer y no llegaba y eran las cinco. Me preocupé y di aviso al Serafo que se acercó con la moto y en cuanto vi a la pareja de la Guardia Civil supe que había ocurrido una desgracia —y entonces rompía a llorar.

Tan pronto asomaba alguno por la puerta, enseguida se incorporaba para corresponder al pésame y cambiar el orden de los acontecimientos, añadiendo un pequeño detalle, un suspiro, pero siempre igual monólogo, cada vez más largo y más completo con las explicaciones de quienes se lo habían encontrado y cruzaron palabras o jugaron al guiñote la víspera por la noche. Y el plástico chisporroteando, y fíjate cómo ha quedado el pobre.

—Ayer andaba muy raro, no estaba en lo que estaba —repitió el Piteras por enésima vez en el corro de amigos que bebían aguardiente y fumaban Ducados en la puerta del Modorro—, y algo le rondaba por la cabeza que no nos quiso decir, porque el Tres Patas cantó un veinte en bastos y le dijo que fuera preparando la cartera, por despabilarlo, y Timoteo contestó de malas maneras y se levantó y nos dejó a media partida con la palabra en la boca, así, bufando, porque el Modorro tenía buen perder y le importaba bien poco pagar los cafés. Y este arrancó detrás, pero vino al momento diciendo que se fue a grandes zancadas sin atender a explicaciones.

—Así se muere uno siempre, a grandes zancadas y sin atender a explicaciones —sentenció el filósofo Casasús.

Y Ambrosio el Renacido se echó a reír sin ton ni son, alzando la vista, como si le estuvieran contando algo gracioso detrás del cogote.

—¿Cómo andan las cebadas de San Roque? —pregunté al Piteras.

—Regular —me dijo—, regular. Andan muy retrasadas. Este año no les he echado de comer. Que se jodan. Para lo que saco me ahorro el abono. Solo dan gastos. A ver si llueve y despuntan.

Y vi cómo desaparecía por la calle que da a la plaza de la iglesia, a donde todo el pueblo acudiría para el funeral al día siguiente, con el par de zapatos en la mano, rumiando maldiciones.

3.

Por mi pueblo pasa el río Altán. Nadie sabe dar razón sobre el significado de su nombre. Dice Arsenio el Vinagres, que estudió interno hasta los catorce en los escolapios de la capital, que debe ser de origen árabe, por lo de «al», que todos los nombres que empiezan por «al» son de cuando los moros vivían por aquí. Luego se marcharon hartos de tanto español bilioso, dijo el Vinagres un día en La Rambla, para que lo oyeran todos, incluida la pareja de la Guardia Civil, que había entrado a tomarse un revuelto, no sin antes dejar su semillita plantada en el coño de todas las mozas que fueron encontrando por el camino, añadió. Por eso se nos ha quedado esta cara de moros, particularmente la de Agustín el Sargalero, cuyo nombre también debe ser de origen árabe porque termina por «al». La cara de moro y la amargura española del Vinagres y de los que teniendo ganas de irse a cualquier otro lugar tuvieron que quedarse en Valcorza, a arañar estas tierras ingratas que dan justo para comer, y gracias.

Antes de los árabes estuvieron los romanos, porque el puente de sillares y dos ojos que cruza el río hacia la loma de los Calderetas y Valtán, lo hicieron ellos. Yo sé cómo eran y cómo iban vestidos, porque en la sacristía tenemos unos trajes que nos ponemos para Semana Santa y para la cabalgata de Reyes. Mala gente. Unos descastados que mataron a nuestro Señor.

Dicen que todos los caminos conducen a Roma. De seguro que por Valcorza se ahorra tiempo. Desde mi pueblo se llega a muchos sitios y en un momento. En parte gracias al puente de los cabrones de los romanos. De ahí que lo bautizaran con el nombre de Valcorza, porque para ir a Valtán o a Valroya, lo mejor es alcorzar por el valle del Altán, que es donde está mi pueblo. Todo el mundo pasa por aquí, pero nadie se queda. Andan siempre con prisa. Se detienen, se quedan mirando, y siguen su camino, a paso ligero y la mirada al frente, por el puente romano hacia Valtán, o cuesta arriba, todo tieso, cruzando los pinares en dirección a Valroya. Echando humo. Acelerando.

4.

Cuando Remedios Blasco abrió la puerta de su casa se encontró a Miguel Zalaya, el Tres Patas, hincado de rodillas y brazos en cruz, con la boca cosida. Chorreando sangre. No gritó ni dijo nada, como si llevara mucho tiempo esperando encontrárselo allí. Se le quedó mirando un rato. Apretando los labios. Masticando la cena.

—Menudas pintas —soltó de repente, después de tragar. Y cerró el portón de un golpe. Echando la llave.

Se había atravesado los labios con la aguja de rematar la costura de los colchones y cordón blanco, con unas puntadas grandes. Tres o cuatro. La primera vez que le había dirigido la palabra fue en el río, precisamente, lavando la lana de los colchones. El Tres Patas iba camino del huerto con la azada al hombro, y a Reme le llegaba el agua hasta las rodillas, con la falda arrebujada en la cintura, mientras sacudía el canasto de mimbre en mitad de la corriente. Se detuvo observando a las tres mujeres. Con los ojos llenos de inquina. Pero aquello no era encono, ni rabia, y comprendió enseguida que la quería. Nada más. La madre y la hermana de Remedios limpiaban uno por uno los vellones de motas y de pajas. El Tres Patas nos vio escondidos en el cañar, viéndolo todo, pero siguió su camino sin decirnos nada, como si no estuviéramos.

—Igualmente —contestaron las tres cuando Miguel se despidió deseándoles un buen día. Miguel también era conocido con el sobrenombre de Miguel el Tres Patas, por razones obvias que no hace falta explicar. Aunque nadie se atrevía a decírselo a la cara.

Al domingo siguiente se puso en frente de la iglesia, a la salida de misa. Mosén Antonio, el párroco, ya no insistía más. Lo había dejado por imposible. A los catorce años decidió no pisar nunca más la casa del Señor.

—Ni del Señor ni de su puta madre —concluyó, cerrando así, sin contemplaciones, la perorata del párroco, que no entendía ni comprendió jamás las razones de aquella decisión.

Y eso que Miguel había sido de los que mejor sacudían la campanilla mientras alzaba el copón para consagrar el vino. Tocaba con mucho recogimiento. Reme pasó por delante, del brazo de su hermana. Ni lo miró. Miguel tampoco dijo nada. Estuvo de plantón hasta que salieron todos. Y se fue a tomar el vermú.

La orquesta estaba interpretando Europa, de Carlos Santana. Ni Remedios Blasco ni Miguel Zalaya conocían el título de aquella canción. Y mucho menos que el compositor fuese Carlos Santana. Tampoco les importaba. Pero les gustaba y casi sonreían. Se notaba por la manera de seguir el ritmo y mirar al infinito en su soledad de enamorados. Reme apoyaba las manos sobre los hombros de Miguel interponiendo los codos para impedir que arrimara la cadera en los cambios de compás. Miguel la sujetaba por el talle con todos los dedos, sintiendo la electricidad de los músculos de sus glúteos ascender cada vez que giraban al echar el peso sobre la pierna contraria. Todavía caminaba sobre sus dos piernas, aunque no por mucho tiempo.

—¿Bailas? —preguntó cruzando la plaza que empezaba a llenarse de parejas con las primeras notas.

Y Reme se levantó dando unos pasos, giró la cara al lado izquierdo y, dando un tropiezo hasta encontrar el ritmo, sincronizaron sus pasos hasta el final de la canción. Un dos tres. Y vuelta a empezar. A Miguel le olía la camisa a enebro y humo frío. De tabaco negro. Así olían los hombres —pensó Reme.

Mis amigos Adolfo y Ernesto el Tocateja se habían sentado en mitad de la plaza, junto a la fuente, a beber vino cocido de una sartén con un zapato. Reían y vociferaban. Esto tampoco les importaba. Mientras tanto yo, subido a los zapatos de plataforma de mi hermana, también bailaba con Julita la del Comprebién.

Cada cual iba a lo suyo. A su amor. Sin importarnos nada. Ni que los niños se encorrieran jugando al escondite chocándose con las parejas de enamorados, con las parejas de mujeres que dibujaban la samba de Santana como un pasodoble, con las parejas de matrimonios que bailaban por igual, uno tras otro, pasodobles, boleros y rock & roll con la misma convicción y desenvoltura. Los banderines de colores se agitaban con ráfagas de brisa en la noche. Esta fue la primera vez que se tocaron con las manos. Y la única, hasta transcurridos dos San Blas y una Virgen del Camino, cuando de nuevo volvió a preguntarle si bailaba.

Nadie supo ni sabría nunca lo que Miguel el Tres Patas dijo al oído de Remedios Blasco, ahogados por la música y por la emoción. Juntos. Algo terrible, sin duda, para presentarse así, con semejante penitencia, de rodillas y la boca cosida delante de su puerta y a la hora de cenar. A quién se le ocurre. El caso es que mosén Antonio terminó echándoles la bendición y que Miguel rompió su palabra en camisa blanca y corbata. Y que Reme se soltó de repente de los brazos de su pretendiente y volvió a sentarse junto a su hermana sin decir nada. A mitad de la pieza. El otro desapareció por la esquina del Ayuntamiento, cruzando por delante de los remolques que servían de escenario a la orquesta Sensación. Y antes de confundirse y desaparecer entre la peña de Felisón y esos, vestidos todos iguales con camisa caqui de militar y aporreando un bombo con una muñeca de plástico despernancada y sin brazos, Miguel el Tres Patas echó a Reme una última mirada, que escondía toda la vida y todo el rencor que les quedaba por delante.

67

5.

—Tócanos algo, Juan —pidió Timoteo el Modorro, que todavía tenía puesta la cabeza en su sitio, cerrando el abanico de cartas sobre el pecho—. Canta ese bolero que tanto me gusta, Juan.

Y entonces agarraba la guitarra y se ponía a cantar, desgañitándose, *Nadie me ama*, coreado por todo el grupo, medio borrachos, riendo a carcajadas los aspavientos de Juan el Francés, repitiendo las mismas muecas, el estribillo, aplaudiendo.

Nadie me ama, nadie me quiere,
nadie me llama, nadie me es fiel.

—Cosme, ponle un chinchón a Juan para que se le temple la voz —gritó Miguel Zalaya a Cosme en La Rambla— que paga el Modorro. ¡Veinte en bastos y arrastro! —subrayó haciendo restallar los nudillos sobre un tapete que parecía comido por las viruelas.

Para eso se había arrimado Juan a la partida. Para que lo invitaran a chinchón. Aunque ese día Juan se quedó sin fiesta porque no tuvo tiempo ni de empezar a cantar cuando Timoteo el Modorro se levantó y salió de La Rambla dejando a medias la partida.

Triste es mi vida, sin un cariño,
lloro en silencio, mi desventura.

En cuanto oía jaleo, Juan el Francés echaba mano de su instrumento y se sentaba cerca, o esperaba de pie a que alguien lo invitara a venir, y a cantar, y a beber. Lo llamaban el Francés porque de joven se fue con su cuñado, Serafín Modrego, varios inviernos a Francia, a recoger remolacha en l'Oise. En realidad no fueron familia hasta que Serafín Modrego se casó con su hermana, la Paulina, Paulina Foz, pero el Serafo hablaba de Juan como si hubiera sido su cuñado toda la vida. De la última campaña en la que participó se trajo las orejas escarchadas, medio transparentes, además de una infección de orina que casi se lo lleva al otro barrio. Acudió al practicante y se asustó mucho, el practicante. Pero se salvó. Con unas inyecciones tremendas como las de quitar las calenturas a los mardanos.

De allí, de Francia, le vino su afición a la música. Otras veces le pedían que hablara en francés. Y, convencido de sus capacidades, se les quedaba mirando con los ojos inyectados de sangre, colorado, ebrio, sonriendo, hasta que conseguía articular algo parecido a un vocablo extranjero. Porque alguna palabra se le había quedado rondando por la cabeza, o lo que pensaba él que se parecía a una palabra, y entonces la soltaba, con aplomo, con salivajos y más risas, hasta conseguir otra copa y caer muerto, vencido por el anís y las bombillas de colores en el estrépito de las mesas y las sillas de formica del bar La Rambla. Otras veces se la inventaba, cambiando la última letra y poniendo el énfasis sobre la sílaba final, tropezando al hablar, ofendiéndose ahora si alguien reía y dudaba de sus conocimientos, arrugando el gesto, enfurruñándose y abrazado a la guitarra, ahí quieto, aguantando la burla junto a su copa de chinchón.

La guitarra del Francés no tenía cuerdas. Ni el Francés dientes. Únicamente los dos colmillos y unas cuantas muelas. Todas las demás piezas eran de plástico, decía él. Cuando cantaba, y en ocasiones al hablar también, sobre todo cuando la conversación alcanzaba el punto álgido de excitación en el debate, se le desencajaba la dentadura postiza cayéndosele los dientes dentro de la boca. Parecía como si toda la cabeza se le soltara por dentro de la piel. Pero a nadie en el pueblo le importaba porque esas cosas no eran importantes. Y la conversación seguía acalorada su curso a través de la espuma que se acumulaba en la comisura de los labios, del humazo de las farias, la algarabía y los golpetones sobre el tapete de los que cantaban las cuarenta.

Juan también sabía hacer el perro. Sus imitaciones eran muy celebradas, casi tanto como su habilidad para la música.

—Haz el perro, Juan —le pedía Constantino el Piteras.

Y entonces Juan, complaciente, se quitaba la dentadura y hacía que sus dos colmillos asomasen por encima del labio inferior, gruñendo, y después aullando, igual que un perro. Juan no paraba de ladrar mientras los otros coreaban con más risas y más aullidos su concierto canino. Hasta que ya nadie le hacía caso y él seguía enseñando los incisivos y amenazando con gruñidos y aburrido, solo, con sus dientes babosos en la mano, volvía a encasquetarse el paladar en su sitio, limpiándose la mano sobre la pernera del pantalón.

Juan era un asiduo de las fiestas, de cualquier celebración. No se podía concebir una tarde de copas sin su presencia ni sus canciones. Se las sabía todas, memorioso, boleros de Nat King Cole sobre todo, la letra entera. Con la guitarra entre las piernas, cantaba acompañándose rascando en el hueco redondo, vacío e insondable de su guitarra. Al final de ese agujero había una mujer vestida con faralaes. En una etiqueta pegada. El color de la caja era un degradado de madera natural al rojo sangre de los bordes. La parte de atrás estaba un poco rajada y sujeta con cinta aislante, pero no se veía. Nadie podía recordar que aquella guitarra hubiera tenido cuerdas alguna vez. Ni tampoco a Juan con todos sus dientes.

Qué bien cantan los negros, decía cada vez que escuchaba a Nat King Cole interpretar uno de sus boleros. Cuando llegaron al pueblo los primeros senegaleses a trabajar en la recogida del tomate estaba empeñado en que le cantaran un bolero de Nat King Cole, que él ponía el acompañamiento. Y pronunciaba el nombre del cantante todo seguido, en una sola palabra con acento en la i. Los senegaleses se le quedaban mirando sin entender nada. Y sonreían. Tanto como él. Atemorizados.

Una noche, de madrugada, lo sorprendí apostado, al abrigo de la luz de la farola, bajo el balcón de Remedios Blasco, una de las mujeres más bellas del pueblo, sin novio —todavía Miguel el Tres Patas estaba por coserse la boca— y en edad de merecer, muy solicitada, flamenca. El balcón de su casa estaba iluminado, y yo vi a Juan por un momento quieto y mirando hacia lo alto con su guitarra bajo el brazo. Después se la echó al pecho, y empezó a tocar, y a cantar, renqueando sobre las vocales como Nat King Cole, con acento en la i, sin que nadie lo oyera, en silencio, en la sombra:

Lloro en silencio, mi desventura,
voy por el mundo cruel de fracaso en fracaso,
llamo a la puerta del cielo que nunca traspaso,
vencido y cansado, de tanto sufrir,
yo ruego a Dios que se apiade de mí.

Cruzó la calle un gato corriendo. Nos asustamos los dos y casi me sorprende mirando su serenata muda. Después hizo un gesto de desaprobación y siguió su camino, asegurándose de que nadie había sido testigo de su desplante.

Por las mañanas, en verano, se le veía desayunar brevas frescas encaramado a la higuera del puente. Se las comía enteras. Con piel. Con gusanos. Media docena. Dando un salto y caminando hacia el monte para cagar en cuclillas contra las tapias de un trujal. Los perros del barrio alto lo seguían nada más verlo y se tumbaban ofreciéndole su sexo sonrosado y húmedo para que los masturbara. En una ocasión nos ayudó a ahorcar a uno malo que había aparecido por el pueblo y nadie sabía de dónde y no paraba de abalanzarse sobre cualquiera que pasara despistado por los arcos de la plaza de la iglesia. Le echamos una cuerda al cuello con un nudo corredizo y, doblando un chopo joven, lo atamos a la punta y, soltándolo de golpe, lo dejamos allí, medio colgando, retorciéndose, hasta que se pudrió y de su mala catadura solo quedó un pellejo repleto de huesos zarandeado por el vulturno de agosto.

A veces su hermana, Paulina Foz, venía a buscarlo, a última hora de la noche, cuando Juan todavía no estaba muy borracho y era capaz de sostenerse en pie. Otras, seguía cantando hasta que no quedaba nadie en el bar y lo mandaban a casa dando tumbos, abrazado a su guitarra, vomitando en una esquina. Juan tenía buena voz, y buen carácter. Nunca se enfadaba. Salvo cuando alguno ponía en duda su conocimiento indiscutible de la lengua francesa. Entonces se acaloraba mucho, ofendido. Y en una ocasión hasta se levantó y fue a sentarse en la otra punta de La Rambla. Por un rato. Hasta que Miguel Zalaya pidió vociferando otro chinchón seco para el Francés, y Juan volvió a la mesa, y empezó a cantar, más templado que nunca, para Timoteo el Modorro, aquel bolero suyo de desamor.

6.

Hasta las cinco estaba prohibido salir de casa. Mi madre dormía la siesta. Valcorza y el mundo dormían su siesta. El sol era implacable. Un sol de dioses para hombres agazapados en sus madrigueras. Bajo tierra. Al asomar la cabeza por un costado del toldo era imposible ver nada. La reverberación de la luz sobre las fachadas encaladas hacía daño. Sin matices, blanco intenso. Era necesario entornar los ojos para vislumbrar algo más allá del resplandor.

Un perro flaco apostado a la sombra del portalón de la fragua del Piteras. Quieto. Soñando como un perro. El pueblo entero parecía una fragua. Un hierro rusiente sin el repiqueteo del mallo de Constantino sobre el yunque. Las calles vacías. Solo al final de la tarde la superficie encalada y plana cobraba relieves, y el blanco uniforme se volvía blancos con texturas, grano, heridas. El cromatismo de la luz sobre la superficie blanca.

Entretanto subíamos a la memoria de la casa. En el granero se acumulaba todo lo inútil a la espera de servir de nuevo algún día. En vano. Igual que los recuerdos. Esperábamos la hora del baño en la semipenumbra de las cebollas y los trajes colgando, una tinaja rancia, un moisés que no era un moisés sino cápsula de astronauta, cuadriga, coche de carreras. Esperé sin saber que lo que me aguardaba al final de agosto era mi propia muerte entre los barbos del río Altán. Hasta entonces un cuarto. Otro cuarto. Un secreto. Una pila de zapatos retorcidos. Un serrucho oxidado. El armario olía a alcanfor y manzanas podridas. Un mazo de cartas descabalado. En el granero quedaban arrumbados objetos incompletos. Vidas a medias.

Después de la merienda podíamos ir al río. Pan con vino y azúcar. Chocolate. Chorizo de Pamplona. Membrillo. A las cinco las calles de Valcorza se llenaban de bocadillos. En bicicleta o andando. A bañarnos al pozo del Molino con maripís para no hacernos daño con las piedras. Zambullirnos en el lodo. Pescar cangrejos con las manos bajo las piedras. Ensartarlos en un junco. Y en las pocetas del Manchón nadar desnudos. Robar ciruelas verdes. Otras veces nos escondíamos entre las cañas para espiar los cuerpos desnudos de Julita y sus amigas cuando se quitaban los bañadores mojados antes de volver a casa y se vestían con risas y sostenes. Para entonces eran ya mujeres, y sus cuerpos me parecían también blancos. Muy blancos. Deslumbrantes. Adolfo se hacía siempre una paja. Y Ambrosio el Renacido, que nos seguía a todas partes, babeando, se le quedaba mirando con la boca abierta y se hacía otra. Sin ton ni son. Por seguir la corriente. Adolfo se la sacaba sin dejar de escudriñar a través de la selva de cañas y en dos meneos ya se había corrido soltando un chorro que salpicaba las hojas. Y volvía a colocársela dentro del bañador ajustado, listo para capturar al jefe de los siux por última vez y hasta el día siguiente, con pinturas de barro negro sobre las mejillas y la rama torcida de un olmo para lanzar flechas y ataques despiadados. Yo no me la meneaba porque estaba enamorado de Julita y no me parecía bien. Y Ernesto el Tocateja tampoco, porque era amigo y sabía lo mío con Julita. Mío y de nadie más, porque Julita nunca supo nada de ese amor.

Sobre las ginestas había tendidas unas sábanas que titilaban con un brillo rabiosamente limpio. Un poco más arriba Remedios Blasco, con su madre y su hermana, sacudía en mitad de la corriente un canasto lleno de lana. En estas Miguel Zalaya el Tres Patas cruzó el río y se nos quedó mirando con la azada al hombro, y siguió su camino sin decir nada.

Al caer la tarde el pueblo recuperaba su geometría. Se volvía un espacio habitable. Y hasta benévolo. Se abultaban las esquinas, los recovecos, las puertas grandes de las cocheras. Entonces, la luz sesgada desplegaba sobre las casas un abanico inimaginable que abarcaba del albo inmaculado al marfil. Algunas esquinas trazaban una línea perfecta sobre la cal partiéndose en nível y crudo. El vano de las ventanas también manchaba con matices de amarillo cadmio la superficie lisa del mediodía vencido. Los escorchones bajo el alero convertidos en una cartografía de sueños, de países a los que me había propuesto viajar algún día y a donde nunca el destino me conduciría. Porque estaba escrito que yo debía ahogarme ese mismo verano en el pozo del Molino, ante la mirada impotente de mi amigo Adolfo y los gritos desesperados de Julita y las otras.

Tras conquistar varias veces el cabezo Cienfuentes, seco como un pellejo comido de cabra, sin que nadie supiera de dónde había llegado aquel nombre, que más que un nombre parecía una broma de mal gusto propia de Arsenio el Vinagres, de muy lejos sin duda, de cuando por allí corrían el agua y los cocodrilos, con fuentes y otros colores además del pardo, interrumpido apenas por briznas de verde y amarillo de los romeros y la manzanilla, estaba cansado y tenía hambre. Todavía no me había muerto. Pero pronto lo estaría. Con la fresca llegaba la hora de cenar. Al concierto ensordecedor de las cigarras seguía el de los sapos y las madres llamando a gritos desde las puertas de las casas a sus hijos para cenar. El lomo blanco del rebaño de Florencio volvía a borbotones por la carretera haciendo sonar las esquilas. El perro, entonces, ladraba. Del río ascendía hasta las casas la humedad de los barbos y las percas. Se apoderaba la noche. Oíamos una sombra. No. Oíamos un fantasma. Y el silencio. Y los vecinos acudían con su silla para compartir ese silencio.

7.

Las fiestas de la Virgen del Camino son para la última semana de agosto. El monte está que no puede más. Socarrado. Esperando las lluvias y el frío del invierno. Para morirse y resucitar en primavera. Como Valcorza, donde se han podrido todos y ahí siguen, atrapados en sus tumbas, esperando que florezcan los almendros. En balde. Los racimos negrean en las cepas. La iglesia es un hervidero con los preparativos de la romería. Han puesto a la Virgen en su peana. Muy guapa. Con una túnica blanca y un manto azul. Por debajo de la túnica le asoma su pie derecho desnudo. La Virgen está descalza. Las chicas que quieren encontrar novio ese año durante las fiestas preparan una cinta con el nombre del chico que esperan las saque a bailar y lo atan a la pierna de la Virgen que en realidad no es un pierna sino el mango de un azadón porque el pie que le asoma a la Virgen por debajo de la saya no tiene pierna, solo tiene pie. Pero esto lo saben únicamente las mujeres que visten a la Virgen en la sacristía. Y para el caso da lo mismo, porque lo que importa es que la Virgen busque novio a las que le atan la cinta en su pierna de palo. Las fiestas son un hervidero de especulaciones y habladurías sobre los deseos de unas y las ganas de los otros y si al final de las fiestas habrá alguna pareja que empiece a festejar. Este año ha llovido poco. No hay mucha uva pero dará grado. El calor del verano ha sido rabioso. Las ranas por la noche se desgañitan desesperadas. El Altán baja casi seco, así que podremos cruzarlo sin problemas.

Eladio Casasús, como cada año, ha estado componiendo en secreto un centón de versos para recitárselos a la Virgen durante la romería. Cuando declama sus rimas se le escapan por la boca devoción y salivazos haciendo más espuma que palabras. Pero todo muy sentido. No entendemos nada de lo que dice. Las palabras sí, se entienden, pero no lo que está recitando con ellas Casasús, que parece tonto pero tiene estudios, como Arsenio el Vinagres, en los padres escolapios. Y nos emociona a todos el día de la Virgen del Camino cuando de peregrinación a la ermita dejamos la peana en el suelo para que Casasús suelte sus poemas. No necesitaba guión ni apuntador y compone con frescura, tomando las curvas de la poesía a ciegas, encontrando la música perfecta, el recogimiento fervoroso o el color de la loa en fuegos de artificio verbal. Y es que tiene mucha labia.

Tan emotivo estuvo aquella romería que nos dejó a todos boquiabiertos. Conmocionados. Y en particular a Miguel el Tres Patas, que se hincó de rodillas, o mejor habría que decir «de rodilla», con la única pierna que le quedaba, y prometió a la Virgen en voz alta, con todo el pueblo como testigo, incluido mosén Antonio, que subiría la cruz hasta lo alto del calvario, vestido de Nazareno, descalzo, si le curaba la pierna que se le estaba pudriendo. Mosén Antonio estaba feliz de ver cómo su antiguo monaguillo volvía al buen camino abatido por la fe, como el apóstol Pedro.

El caso es que a Eladio Casasús nunca se le prohibió demostrar su fervor a la Virgen del Camino, a no ser que la cosa se prolongara demasiado y entonces seguíamos con el ritual de los romeros en flor dejándolo a medias con la palabra en la boca, porque si no la cosa podía ir para largo y Casasús se crecía y a cada poesía se le entendía menos. Un año, tomando impulso, aprovechando que la procesión no arrancaba esperando la llegada de mosén Antonio que estaba meando, se arrancó por versos uno tras otro amenizándonos la espera y avivando nuestro recogimiento pío cuando, arrastrado por el entusiasmo, se lio a hablar de la revolución copernicana, primera de las muchas que iban a tener lugar en Valcorza, y al sargento Castiñeiras de la Guardia Civil no le quedó otro remedio que intervenir. Sin embargo, cuando Eladio Casasús empezaba un discurso nadie podía detenerlo, ni la revolución ni el sargento Castiñeiras, y continuó explicándonos a todos, boquiabiertos, que cuestionar la razón como facultad de conocer y tomar conciencia de las limitaciones de la propia filosofía no podía ser, en tanto que la metafísica quiere acceder a la condición de ciencia. Nos lo soltó uniformado con la camiseta del Barça, y nosotros con la Virgen del Camino en volandas temblando como campanillas. Y es que Eladio Casasús, además de poeta, era sobre todo filósofo y discípulo. De Immanuel Kant.

—Porque en el fondo, pensamiento y poesía terminan confundiéndose en la verdad de la vida —remató.

Estamos en una foto, yo, Cosme el de La Rambla, Timoteo y el Piteras, con la Virgen en volandas, parados en mitad del río, con botas de agua y Eladio Casasús echando una rima con la mano en alto, como un cantaor. Porque para ir a la ermita hay que cruzar el río, medio seco ya en el mes de mayo, salvo en contadas ocasiones de años muy lluviosos. Entonces hay que pasar a la Virgen con un tractor. Subidos en un remolque y sujetándole la cabeza que parece se le vaya a desencajar por las sacudidas del cauce y del camino.

Ese año Remedios Blasco había escrito en su papelito el nombre de Serafín Modrego. Pero quien apareció delante de su puerta, clavado de rodillas y con la boca cosida fue Miguel Zalaya, el Tres Patas. Y no es que la Virgen se equivocara, no. Es que cuando el Tres Patas se empeñaba en algo no había forma de quitárselo de la cabeza. Como el día que andaba estreñido y el practicante le dijo que unos higos le ayudarían a hacer sus necesidades. Porque el Tres Patas llevaba una semana con molestias y malagana incapaz de cagar como Dios manda. Así que ni corto ni perezoso se sentó al sombrajo de su higuera en el camino del Hoyo y empezó a comer higos con la intención de no levantarse para otra cosa que no fuera hacer de vientre. Y se los fue comiendo todos, maduros, verdes y gusanados, hasta que la higuera quedó completamente pelada, con las hojas, y Miguel el Tres Patas casi se muere. Eso sí, echó por el culo todo lo que un hombre en sus cabales es capaz de echar, hasta los intestinos. Aliviado, se fue a La Rambla y pidió una cabeza con patatas y media vuelta de longaniza que se fue comienzo a bocados con vino hasta que estuvo lista la comida. Pero a Remedios Blasco no le asustaban las animaladas del Tres Patas. Ni del Tres Patas ni de nadie. Y le dio con la puerta en las narices.

En la plaza de Valcorza juntábamos dos remolques, sobre los que instalaba sus instrumentos la orquesta Sensación, de Granollers. La orquesta Sensación venía a tocar al pueblo para las fiestas de la Virgen desde la noche de los tiempos. Fue cambiando alguno de sus miembros, la cantante sobre todo, pero el *alma mater* del grupo, Andreu, batería, gordo, siempre estuvo allí de director. Cada año, sin excepción, todo el pueblo intentaba ligar con la cantante de la orquesta. La primera cantante llevaba pantalones acampanados. La última un *short* que se le ajustaba a la raja del coño y le marcaba dos carrillos en el culo que le temblaban como flanes. El Sargalero, que cuando vino la cantante del *short* ya lo habíamos elegido alcalde, haciendo uso de su autoridad invitaba a toda la orquesta a caracoles por verla más de cerca y en la intimidad. Y al final de la comida terminaba borracho, con la barbilla reluciente de salsa de tomate y los dedos de las manos muy chupados y limpios. El Sargalero disfrutaba mucho en aquellas comidas consistoriales, y por partida doble, solo de pensar que Julián el Calderetas, don Julián, exalcalde de Valcorza, estaría en su casón de viudo delante del televisor comiéndose unas sopas de ajo con las risas y los petardos del pueblo como música de fondo, engrasando su pistolón para rematar comunistas en cuanto diera la vuelta la tortilla.

La orquesta traía siempre un repertorio variado que trataba de dar gusto a todos, desde nuestro tradicional «Quiero comer, quiero comer, quiero comer arroz con pollo» que cantaron siempre, hasta el final, con tangos y pasodobles, a los últimos éxitos que sonaban en *Los 40 principales*. El baile estaba dividido en dos partes: el primer tiempo tenía lugar en la plaza del pueblo, con un intermedio, hasta las doce de la noche. A partir de la una de la mañana comenzaba el baile en el cine Bonanza, acondicionado para la ocasión, de pago. Los vecinos del pueblo que habían cotizado para las fiestas entraban gratis. Y la fiesta se prolongaba hasta muy tarde. En el baile de la plaza dominaban los tangos y los pasodobles, las rancheras, que servían para hacer una gran rueda o cadenetas, todos abrazados, exhaustos de alegría y de melocotón con vino, hasta que el tachún final marcaba el comienzo de la noche en el salón con la misma orquesta pero cambiando los tangos por los éxitos de Formula V con la cantante de pantalones acampanados y Julián el Calderetas, don Julián, echando el discurso inaugural de la fiestas de Valcorza, o Deep Purple y la chica del *short* ajustado con el Sargalero, más tarde, babeándole en los zapatrancos de caña alta.

En el cine Bonanza interpretaban más canciones lentas para que las parejas pudieran tocarse y abrazarse con el permiso de sus madres respectivas, que vigilaban sentadas en las butacas plegables de madera que habían apartado en torno al salón. Siempre complacientes, los de la orquesta accedían a nuestras peticiones con gusto, interpretando *Europa* de Carlos Santana o *Smoke on the Water* como verdaderos profesionales en función de las exigencias de nuestros amoríos. Ese año Miguel el Tres Patas y Remedios Blasco se hicieron novios. Nadie se lo esperaba. Y mucho menos que la cosa prosperara hasta el matrimonio. Yo estaba a punto de ahogarme y de besar a Julita. No tardando mucho. Para lo uno y para lo otro.

8.

Julita, la del Comprebién, tenía las tetas muy grandes. Cada vez que su madre la mandaba al horno a por tortas de sardina, ella sabía que nosotros la estábamos esperando al sombrajo de una morera que se había hecho centenaria en el patio de las escuelas viejas. Julita desfilaba delante de nosotros y nos miraba uno a uno como diciendo «mira que buena estoy». Y lo cierto es que Julita la del Comprebién estaba buena con ganas. Otras cruzaba con aire altivo, los días de mucho trajín en la tienda, enfurruñada, como diciendo, esta vez, «me verás, pero no me catarás». Ella sabía que el Tocateja, Adolfo y Ambrosio el Renacido, todos nosotros acudíamos a la cita para verla pasar. Y no nos importaba. Y a Julita tampoco.

En fiestas la sacábamos a bailar. En la plaza. El único momento en que dejaba que le pusiéramos las manos encima. Alrededor del talle. Bailaba mirando siempre a un lado, como si con ella no fuera el asunto. Echando los antebrazos por delante para evitar aproximaciones lujuriosas. Julita era más alta que yo, y me gustaba tanto que yo insistía en sacarla a bailar, aunque pusiera mala cara y no siempre aceptara salir al corro de las parejas. Una vez me calcé los zapatos de plataforma de mi hermana a escondidas. Y entonces bailamos y pude enseñarle que también yo podía mirarla a la altura de un hombre. Aquella noche, en un tropiezo, casi me caigo encima de Miguel el Tres Patas, que se estaba enamorando de Remedios Blasco y a poco me parte la cara. Entonces mi hermana se puso furiosa y me quitó los zapatos allí mismo, en mitad del baile, y me quedé descalzo. Bueno, en calcetines.

Por las tardes, a última hora, cuando estábamos aburridos de nadar y de pescar y de embadurnarnos de lodo y reventar nidos de golondrina y perseguir gatos y estallar melones a pedradas y comer manzanas verdes y duras como piedras, nos tumbábamos a la fresca dentro de la cueva del Moro para hacernos pajas pensando en Julita, hablando del tamaño de sus tetas y de lo grande que se nos ponía el deseo, mientras nos masturbábamos imaginando cómo serían desnudas, sin la bata a rayas con el logotipo del Comprebién justo encima, abrazándolas juntas.

Al año siguiente Adolfo consiguió tocárselas y nos dijo que, efectivamente, eran grandes. Y calentitas. Se las estuvo manoseando mucho rato. Besándose. Toda la tarde. Entonces Adolfo se hizo mayor, y ya no le apetecía venir con nosotros a buscar balas a las trincheras del cabezo Cienfuentes y estallarlas haciendo una fogata con un puñado de aliagas pisoteadas. Se echó novia. Pero no Julita. Otra. Veraneante. Isa, se llamaba, de María Isabel. Prima de Felisón el Calderetas, se puso para nadar en el río el primer bikini que vimos en Valcorza. Amiga de Julita. Con buenas tetas también y las ideas muy claras. Y entonces Adolfo marchó a la capital para casarse y para hacerse rico, comprarse un chalé y tomar el sol. Así porque sí, en pleno mes de agosto. Solo por gusto.

9.

Cuando mosén Antonio salió de la sacristía vestido para oficiar las campanas seguían repicando. Habíamos quedado en que a las once y media dejaríamos de tocar a muerto, y se lo dije. Pero Aurelio el sacristán, en cuanto hacía sonar los badajos con las sogas en las manos perdía la cabeza y la noción del tiempo. Casi nos vuelve locos el día que tocó la muerte de su amigo el Piteras. Con Timoteo estuvo más reservón. Repicó mucho, porque enseguida se le calentaba la boca, o las manos. Pero al final se calló.

De lo que no hay duda es que Aurelio, desde que el mosén le adjudicó, *ad perpetuam*, el título de sacristán, se convirtió en un profesional del toque. Siendo un borracho desde que tuvo uso de razón, el día de su nombramiento dejó de beber, de todo, incluso agua. Con la salvedad única del domingo que llamaba a misa mayor para la Virgen del Camino. Por la noche en La Rambla. Y de todos modos Aurelio solo bebía cuantró on de rós, que era como no beber nada, añadía convencido. Cuando empezaba a recitar los latines grabados en la campana grande mirando por una rendija a través de sus párpados hinchados sabíamos que sonaba la hora de cerrar:

Laudo Deum Verum
Pledem Voco
Congrego Clerum
Defunctos Ploro
Tempectates Fugo
Festa Decoro

Y entonces caía en un mutismo sobrecogedor, como de Cuaresma, que anunciaba la travesía de un año abstemio, como el Dios que hacía llover sobre Valcorza, ni una gota.

Al entierro del Timoteo acudieron todas las putas del Reina de Corazones. Llegaron vestidas de oscuro para la ocasión. Muy discretas. Y se sentaron en los últimos bancos. Rodeando a Lola la Coja, que se había vuelto viuda antes de estar casada. Porque la intención de Lola y Timoteo era convertirse en mujer y marido para la primavera. Así se lo repetía el mismo Timoteo los viernes por la noche en llegando al cuarto cubalibre.

—No bebas más que te va a sentar mal —le advertía Lola—. Anda, ven, modorro, que eres un modorro.

Casados en esa misma iglesia. Y con la bendición del mismo cura que ahora predicaba la suerte que tenía Timoteo el Modorro de emprender la vida eterna.

—Resucita al Modorro y muérete tu, cabrón —dijo entre dientes Arsenio el Vinagres, interrumpido por un codazo de Miguel Zalaya el Tres Patas.

Pero lo del casorio solo lo sabían Lola y el finado. Por eso el llanto de Lola era más desconsolado y amargo que el de los demás. Porque tenía que tragarse las lágrimas y llorar para adentro, que es el peor de los llantos, el que más ahoga y el que más duele. Tampoco nadie supo explicar jamás por qué a Lola la Coja la llamaban Lola la Coja, porque Lola andaba perfectamente sobre sus dos piernas. Eso sí, Lola la Coja estaba rota, arropada por Charo, Carmen y Jesusa. Otras dos más, de las que no recuerdo el nombre, completaban el séquito meretricio. Y no se llamaban Cristy, ni Brenda, ni Natacha y tampoco eran rubias de piel de leche, o morenas o negras. No. Las putas del Reina de Corazones eran todas españolas, sentenciaba campanudo Arsenio el Vinagres a la tercera copa de coñac festejando el carpetovetónico puterío de Valcorza.

—Y se las entiende perfectamente cuando follan —remataba Serafín Modrego.

Todavía. Aunque no por mucho tiempo, porque Valcorza al momento iba a volverse un pueblo con elecciones y nuevo alcalde, y en nuestra casa de putas todos los días fueron Pentecostés porque sus apóstoles hablaban casi todas las lenguas de la tierra y de los cielos.

A la salida de misa todo el pueblo se puso detrás de Timoteo en su catricofre camino del cementerio, siguiendo un orden estricto y tácito, a comenzar por Gregoria Samper, madre del Modorro, y el cura, para concluir en la pareja de la Guardia Civil, vestidos de uniforme. Lola y las otras se hubieran sumado al sepelio de buena gana, pero el sargento Castiñeiras les hizo comprender con la mirada que mejor no, que se les iba a alterar el gallinero. El sargento de la Guardia Civil, contaba Jesusa, que es la que más se lo tenía que follar, tenía la polla corta y rechoncha. Jesusa sabía cómo abreviar el trabajo metiéndole el dedo en el culo y jaleándole los empujones:

—Fóllame hasta dentro, mi capitán.

Y entonces se corría entre estertores de perro que a veces daban miedo, pues parecía que fuera a palmarla allí mismo, contaba Jesusa poniendo cara de susto. Pero no. Terminaba volviendo. Y casi siempre con la misma. El Reina de Corazones estuvo cerrado durante el fin de semana, en señal de luto, a pesar de las puñadas del sargento Castiñeiras pidiendo paso y hembras en nombre de la autoridad. Al volver, Lola la Coja ya no estaba. Había hecho las maletas y se había mudado, por respeto a su difunto marido. Porque le pareció una falta de consideración seguir jodiendo con medio Valcorza ahora que Timoteo se había muerto. Se marchó a otro pueblo. Y nadie quiso decirnos dónde.

10.

Para entrar en el Comprebién de la madre de Julita había que bajar unas escaleras. Allí la señora Mercedes vendía en la penumbra de su tienda de ultramarinos todo lo que la imaginación de los habitantes de Valcorza podía alcanzar. La verdad es que hacía poco tiempo que el Comprebién se llamaba así, Comprebién, porque de toda la vida la tienda de la señora Mercedes tuvo un letrero pintado en una plancha grande de madera que decía «Ultramarinos Gumiel», en memoria del marido de la señora Mercedes y fundador del negocio, que llevaba enterrado casi tantos años como tenía Julita, que solo recordaba lo que su madre y las fotografías del álbum le habían contado. Y es que cuando faltan los recuerdos los inventamos, para no sentirnos tan desamparados en los sueños. Sobre todo en los malos. Un señor con traje que vino de la capital amenazó a la señora Mercedes con abrir un súper y la señora Mercedes accedió a descolgar el letrero con el apellido de su difunto marido y pasar a llamarse Comprebién, a secas. De todos modos a los del pueblo bien poco nos importó, porque todo Valcorza, incluida mi madre, con letrero o sin letrero, siguió mandándome a por garbanzos y mistos a lo de Gumiel.

Como decía, en el Comprebién había de todo. Colgaban jamones, chorizos, cuerdas de cáñamo, un racimo de hoces, otro racimo de velas, para los apagones, pues las de la iglesia las guardaba en un cajón aparte y en cajas de cartón. Cepos para cazar pájaros y botas de agua. Azufre, pimentón y trampas para ratones y medias negras para las viudas. Había juguetes, y en particular un camión de bomberos que siempre deseé y nunca tuve. Y mira que insistí durante años en mis cartas a los Reyes Magos, pero nada. Comprendí desde pequeño que no solo don Ernesto el maestro sino también sus Majestades eran unos hijos de puta y hacían distinciones. Me maravillaba, al tiempo que me comía por dentro la amargura, imaginarlos esperando en el Comprebién a que la señora Mercedes descolgara el camión para llevarlo a casa del Calderetas y regalárselo a Felisón.

Durante la espera en lo de Gumiel terminaba borracho de olores, y detrás de cada uno de ellos me parecía encontrar el de Julita. Para la Virgen del Camino, durante las fiestas, cuando bailaba con ella en la plaza de Valcorza, me parecía estar dando vueltas en la media luz del ultramarinos. En lo de Gumiel olía a salazón, sardina rancia, congrio y bacalao, a longaniza, a tabaco, jabón de tajo, lejía y estopa, olivas negras, cuero, cera y a la grasa que protegía del óxido el hierro de los cuchillos y las hoces. Olía a clavos, a escabeche, caramelo de fresa, carboncillo, corchetes y mortadela. Y Julita olía a todo junto, y más. Se presentaba sin que yo me diese cuenta para atenderme desde su altar, aupándose a la tarima y a una sonrisa para preguntar y dejarme sin habla y enfurruñado conmigo mismo nada más salir por la puerta.

—¿Qué desea el señorito? —inquiría, apoyando la cadera en el mostrador de madera con una bata a rayas sin mangas.

Al final, la imaginación de Valcorza pudo más que el empeño de la señora Mercedes por dar satisfacción a todos sus deseos, que le llegaban a la tienda en forma de anuncios. Empezó a vender calmante vitaminado y Palotes y chicles Bazoca y jerséis de Terlenka y ollas exprés y deportivas y la muñeca Nancy y Bucaneros Bimbo, y encendedores Mach 2 de Braun, para los hombres que no fallan, y desde luego en Valcorza no fallaba ninguno, hasta que ya no tuvo más sitio y dijo que basta, que las estufas Agni no le cabían en el ultramarinos y echó la persiana para siempre. Julita se había vuelto una mujer. Trabajaba cosiendo boinas y anoraks en el taller de confección de Valroya, cabecera de comarca, a unos kilómetros. Se había comprado coche y hacía siglos que no me preguntaba si deseaba algo, porque ya estaba remuerto.

En los últimos años la señora Mercedes hizo instalar un coche de policía junto a la puerta de entrada que funcionaba con una moneda y hacía girar la sirena tambaleándose a un lado y a otro en mitad de una escandalera. A los niños les encantaba. Al final del viaje una voz gangosa decía «muchas gracias», pero muy mal, y en su lugar se entendía «puta gracia» para solaz de grandes y pequeños, que daban las «putas gracias» como el coche de policía del Comprebién en los momentos más inoportunos. Pero esto me lo contó Ernesto el Tocateja, después de matarse con la moto volviendo de madrugada de la discoteca Galaxia pues yo llevaba mucho tiempo podrido en el cementerio de Valcorza.

11.

Querida Lola, le había puesto. Yo no soy rico, pero te quiero. Ya lo sabes. Tampoco pobre. Si te casas conmigo no ha de faltarte de nada. Y si tú no me quieres, no te preocupes que ya me querrás. No me importa lo que piensen los del pueblo. Ni que te hayan follado el Tres Patas y Sebastián el de los Colchoneros y todos los hombres de la rodeada. No me importa. Lo único que te pido es que dejes el Reina de Corazones y te vengas a mi casa, a joder solo conmigo, y que nos case mosén Antonio, para que nadie diga que vivimos juntos como animales. Ya te digo —había escrito—. Tengo una casa grande. Y un baño completo con bañera. Y un frigorífico. Y nos iremos de vacaciones a Benidorm. Con nuestros hijos. Y yo quiero que tú seas su madre, Lola. Y que vayan limpios a la escuela. Les pondremos como a ti te guste. Lola también, si es una niña. Los mejores campos del alto del Hoyo son míos. Con la mejor cosecha que recuerdo en mucho tiempo. La era de los pinares me la quiere comprar Agustín el Sargalero para hacerse una casa. Cásate conmigo y comeremos langostinos todos los días. Y nos iremos de viaje de novios a Cancún, como el Tres Patas. Pero lo que nunca supo Lola es que Timoteo el Modorro le había escrito aquella carta que nunca llegaría a sus manos, y lo que tampoco sospechaba Timoteo es que esa misma tarde, a las pocas horas de declarar a Lola su amor y pedirla en matrimonio el tractor iba a escacharle media cabeza labrando un corro en donde tenía pensado plantar melones de invierno. Y te compraré una televisión grande, como la de Cosme en La Rambla. Y calefacción. Añadió al final de su carta después de firmar.

12.

Otra cosa no se podrá decir. Pero saltaba a la vista que Timoteo el Modorro se había muerto con un buen corte de pelo. Por lo que podía apreciarse al menos en la media cabeza que le quedaba.

—¿Como siempre?

Algo se traía entre manos, comentó Arsenio el Vinagres, que todavía llevaba puesta la bata blanca de peluquero, delante de su casa, en el corrillo con Serafo y el Piteras el día del entierro, porque se sentó y estuvo mirando un sobre que sujetaba con las dos manos y en el que había escrito «Para Lola la Coja», leí sin darme cuenta porque yo no me meto donde no me llaman —añadió— y se fue al encuentro del cartero, Manolo el Bodollo, para darle la carta, que se le hacía tarde —explicó que dijo al marcharse.

—Después de la muerte todo son premoniciones —interrumpió Eladio Casasús—. Como si la vida entera hubiese sido un presagio, el anuncio de la catástrofe ineluctable de vivir y aguantar vivo.

Ambrosio el Renacido escuchaba y sonreía como si le estuvieran contando un chiste sin gracia, babeando con la boca abierta, moviendo los labios como si quisiera decir algo, sin decir nada de nada. Al cabo de tres o cuatro tropezones tomó carrerilla y soltó: «*dies mei sicut umbra*».

—Eso mismo —corroboró Eladio, que había aprendido latín con los curas—, mis días son como una sombra que pasa.

—Por la mañana —continuó el Vinagres—, llegó con muchas prisas para que le repasara bien el pescuezo. Y hasta me preguntó cuánto le llevaría de afeitarlo. Cosa inaudita porque Timoteo se afeitaba pocas veces, y cuando lo hacía, lo hacía en su casa. ¿Te vas de boda o qué? —le pregunté—. Y con la facundia de siempre se estuvo ahí sentado sin decir palabra. Con la cabeza tiesa asomando por el babero blanco, mirándose fijo en el espejo. Pagó sin dejar propina y se fue. Directo al cielo...

—O al infierno —interrumpió Eladio Casasús, muy metafísico.

—O al infierno —asintió el Vinagres rotundo, cerrando cualquier opción a réplica—, pero bien limpio.

Así enterramos a Timoteo el Modorro, o lo que quedaba de él, con el cogote despejado y bien limpio. Como para ir de boda.

El día que Arsenio se jugaba el carajillo al guiñote era mejor no cortarse uno el pelo. Mal perdedor, esa tarde manejaba las tijeras con acrimonia. Y perdía casi siempre, porque jugaba fatal, incapaz incluso de recordar los triunfos en lid durante el arrastre. Seguía con el palillo dándole vueltas en la boca, de un lado a otro, pasándose con la lengua el aguijón blanco, baboso, astillado, de la comisura izquierda a la derecha, así hasta que no quedaba palillo, ni nada, y terminaba escupiéndolo pugnaz al suelo lleno de pelos. Aguantaba con el mismo palillo varios días. Le daba gusto guardárselo en el bolsillo de la camisa después de la partida y cuando se ponía nervioso lo sacaba y lo mordía un rato para guardarlo de nuevo hasta el día siguiente, que volvía a encontrarlo en el mismo sitio, colgando del respaldo de una silla. Nada más ponerse la camisa el primer gesto del Vinagres era echarse el palillo despuntado y amarillo a la boca. Arsenio el Vinagres no era fumador. Ni tampoco bebía más de la cuenta. Algún vicio tenía que tener el joven.

Arsenio se libró de la mili por corto de talla, lo cual supuso un drama para toda la familia. Volvió al pueblo y se le agrió el carácter, faltón cada vez que abría la boca, que parecía echar cólicos en lugar de palabras. Había aprendido el oficio con un tío suyo de la capital, y todos le auguraban una brillante carrera militar como peluquero. Con sus manos finas de señorito de ciudad tuvo que resignarse a pelarnos el colodrillo a los de Valcorza, hasta que Dios tuvo a bien llamarlo a su seno mediante citación certificada del ambulatorio de Valroya, cabecera de comarca, donde le anunciaron que sufría una enfermedad nueva pero que no se preocupara porque podía vivir con ella muchos años sin estar enfermo, aunque Arsenio el Vinagres terminó muriéndose enseguida, delgadísimo y vomitando maldiciones. De esa enfermedad de maricones. El SIDA. Sin serlo. Seguro. Porque el único maricón que teníamos en el pueblo era Florencio el pastor. De la planta de infecciosos del universitario de la capital lo trajeron al pueblo en ambulancia para enterrarlo. Cuando fuimos a verlo nos miró con dos ojos inmensos y oscuros, sin decir nada, muerto ya, respirando como un fuelle apolillado. Pequeño y delgadísimo, parecía un niño de telediario, de esos que se mueren de hambre. Pero el Vinagres no se murió de hambre sino de putas, que le gustaban mucho, y las follaba con amor y sin condones. A todas. Y muchas veces.

Chaparro, no alcanzaba a cortarnos la coronilla, por lo que tenía que auparse en el estribo de la silla refrotándonos su barriga. Otras se nos sentaba de costado sobre las rodillas, desde donde inquirir con alguna pregunta envenenada en la conversación, como si fuera de paseo montado en bicicleta, cuesta abajo, para alzarse nuevamente sobre el flequillo a terminar la faena. Atento a las nuevas tecnologías, cambió su maquinilla manual por otra eléctrica, que dejaba la molondra despejada en dos pasadas. Arsenio nos soplaba en la nuca para quitarnos los pelos antes de pasar la navaja y cepillarnos envueltos en una nube de polvos de talco.

Al Vinagres daba igual explicarle cómo querías el corte de pelo. Esa decisión corría de su cuenta. La diferencia estribaba en el buen o mal humor del día para que prestase más o menos atención a las desideratas. Si había perdido al guiñote ni siquiera se tomaba la molestia de cumplir con las formalidades y se arrancaba con las tijeras en un baile espasmódico de castañuelas alrededor de tus orejas, que parecían sobresalir más de la cuenta. Era mejor guardar silencio y dejar actuar al maestro, que en el mejor de los casos asentía a las explicaciones con la cabeza como diciendo «tú habla que yo haré lo que me salga de los cojones», y añadir al final:

—Como siempre, pues, ¿no?

En lo que a mí respecta, había decidido dejarme la cabeza redonda, peinado a raya y sin patillas, que decía me daban un aire agitanado que no me favorecía nada. A Timoteo el Modorro lo había peinado hacia detrás, eso recuerdo al menos cuando su madre nos lo enseñó despegándole el plástico pringoso de sangre. En realidad Arsenio solo disponía de esas dos únicas interpretaciones para una misma partitura: a raya o hacia detrás, fueras hombre, niño o animal, porque al Vinagres le dio una temporada que andaba seco de tanto ir de putas por esquilar las ovejas de Florencio, que también peinaba a raya o hacia detrás, según se le antojaba.

Florencio pidió a Arsenio el Vinagres, como favor personal, que tuviera un trato considerado con Serena, una churra que nada más llamarla por su nombre acudió a Florencio dócil, haciendo honor a su nombre.

—Lavar y marcar, como en una peluquería de señoras, Arsenio —puntualizó confidente.

Y el Vinagres, por una vez, se lo tomó muy en serio, porque dejó a Serena con permanente y perfumada como una señora. Muy fina. Florencio se quedó encantado y, además de pagarle, le regaló medio queso con la intención de comprar su silencio. Aunque de poco le iba a servir, y no porque Arsenio el Vinagres se fuera de la lengua, que también.

13.

—Quien iba a pensar que Sebastián me iba a pegar dos tiros de verdad —le dijo Miguel Zalaya a Ambrosio el Renacido nada más morirse—. Hace falta valor. Para que luego te fíes de los amigos —siguió—. Me lo dijo siempre mi madre, que ya lleva muchos años muerta y enterrada, que los Colchoneros no eran gente de fiar. Que se tomaban todo a la tremenda y en cualquier momento te daban un susto. Como así ha sido. Que me ha reventado el pecho, el muy gilipollas. Ya ves, tanto sacrificio para morirme al final con las dos piernas. Tanto prometer, tanto prometer, y cumplir, porque yo cumplo, para acabar así, tirado en el suelo como un trapo y un boquete en lugar de corazón. Será posible.

Yo no quería ir de romería, pero Remedios se empeñó. Y con Remedios no se puede discutir. Nos hemos dejado de hablar durante semanas. E incluso meses. Pero nunca discutimos. Cuando le dije que lo que podía hacer su hermano era trabajar para pagarse la moto estuvo sin dirigirme la palabra más de noventa días. Peor que una enfermedad. A trancas y barrancas llegamos hasta el vado, por donde cruza la procesión y allí estaban los cuatro. Andresito, que estaba hecho un hombre y podía más que cualquiera, Cosme, resollando como un jabalí, Timoteo y el Piteras, en mitad del río, con la Virgen a cuestas, y Eladio Casasús recitando una de sus poesías vestido de culé.

En el manto de la Virgen se posa la mosca
La almendra se refugia en su noche de cáscara
No hay nubes, ni viento, solo cielo y perfume de romeros

No sé qué se me antojó cuando escuché al endino de Casasús hablándole a la Virgen. Como si por dentro se me deshicieran las entrañas. Y caí de rodillas. Lo único que puedo decir es que se me salían las palabras por la boca.

—Si me curas la pierna —le dije a la Virgen—, te prometo subir la cruz donde clavaron a tu hijo hasta lo alto del calvario. Y sin calcetines.

Mosén Antonio no daba crédito a lo que estaba oyendo. Y viendo. Su monaguillo postrado de nuevo ante la Virgen del Camino. En día tan señalado. Acudió corriendo con el hisopo y me dio un escobazo en el cogote, para bendecirme y que no pudiera salir corriendo y echarme atrás. Yo ya no sé si el milagro tuvo más que ver con mi arrepentimiento o con el hisopazo que el mosén me atizó en su exaltada catequesis. Pero lo cierto es que ocurrió. Para asombro de Valcorza y del mundo.

A Miguel Zalaya le faltaba una pierna. Decía que se la había comido un perro hambriento y rabioso.

—Este mismo —corroboraba señalando un galgo bastardo y lleno de pupas y de moscas que lo seguía a todas partes—. Nada más terminar la guerra. Un día que me quedé dormido entrecavando las patatas y el animal no pudo más, de ganas de comer, y se me almorzó el pie con zapato y todo.

—¿Y no lo mataste allí mismo?

—¡Qué culpa tendrá del hambre el pobre bicho, si también yo lo miraba a él con las mismas intenciones!

Pero lo cierto es que se le gangrenó el dedo gordo del pie izquierdo y tuvieron que amputárselo porque era diabético. Se lo llevaron a la capital y volvió como nuevo. Don Arturo, el médico, insistía para que siguiera el régimen y se cuidara, con el tabaco y con la bebida. Pero como si no. Lo que menos le importaba al Tres Patas era tener medio dedo menos. Y, así, al poco tiempo se le pudrió el pie y tuvieron que cortárselo también, por encima del tobillo. Le pusieron uno de plástico, y a los cuatro días andaba ya por todo el pueblo como si el pie de plástico le hubiera salido de nacimiento. Durante unos años gastó la misma broma.

—Atropéllame con el tractor, Serafo —pedía, a Serafín Modrego o a cualquiera, pero sobre todo al Serafo porque era amigo suyo y siempre tenía el tractor más grande del pueblo.

Y entonces ponía el pie para que le pasaran por encima a la vez que simulaba terror por el atropello fingido, dando gritos y haciendo aspavientos y echando unas carcajadas llenas de alcohol. Todos le reían la gracia cada vez que lo atropellaban. Ahora tan apenas le quedaba un muñón donde sujetarse la pierna articulada. Renunció a la broma del atropello pero siguió bebiendo y fumando con empeño.

—La próxima vez que te den el serruchazo, Tres Patas, vas a tener que mear con un palmo manguera —le decía con sorna Arsenio el Vinagres cuando pasaba cimbreándose sobre su pierna ortopédica.

Desde que empezaron a cortarlo en trozos no parecía el mismo. Estuvo más de un año sin dar pie con bolo jugando a las cartas. Ni cantar un triste veinte. Nada. Aguantando en silencio y rabiando de dolor y de amenazas porque Serafín Modrego estaba harto de pagar los cafés.

—Hoy vas a perder por imperativo categórico, Serafo —sentenció Eladio Casasús.

Miguel Zalaya mató con un triste seis de copas y el Piteras dejó pasar la baza.

—Que va mía —señaló el Tres Patas a Serafín Modrego, que no paraba de mirar sus cartas. Pero a pesar del tres de espadas que le cargó perdieron el coto y pagaron los cafés.

Rabió y calló, harto de perder, hasta el día que cayó de rodillas, o de rodilla, ante la Virgen del Camino durante la romería. Tras pedirle a la Virgen que le curara la pierna la procesión transcurrió con normalidad. Sobre los prados que rodean la ermita comieron bocadillos y rosquillos de la Virgen, con abundante vino y algún que otro bofetón. Los hijos de Miguel nunca lloraban cuando a Remedios se le escapaba la mano. Como mucho algún insulto entre dientes mientras su padre los mandaba a joder a otra parte. Echaron un partido de fútbol. Solteros contra casados. Con mosén

Antonio actuando de árbitro. Miguel Zalaya, como le faltaba una pierna, hizo de portero, y le tocó formar equipo junto a su eterno rival al guiñote Constantino el Piteras, Manolo el Bodollo y Serafín Modrego, que se puso de defensa por huevos, y Agustín el Sargalero de líbero. Al equipo de solteros se habían sumado Timoteo el Modorro, Aurelio el sacristán, Juan el Francés, Eladio Casasús, que jugara con quien jugara enfundaba siempre su camiseta del Barça por imperativo categórico y no paró durante el primer tiempo de increpar al árbitro llamándolo «nebulosa» y «antinomia», Arsenio el Vinagres y Florencio, que había encerrado las ovejas para venir a la romería.

—No tendrán huevos de meternos gol —sentenciaba como una amenaza mordiendo la faria, los brazos en jarra, con un pantalón corto azul marino que tenía que sujetar con una mano porque lo perdía. Y es que el cosmos entero pasaba tarde o temprano por el forro de los atributos de Serafín Modrego.

Ganaron los solteros tres a uno. Uno de los goles fue anulado porque a Miguel Zalaya se le soltó la pierna cuando salía corriendo fuera del área a detener un balón. Juan el Francés, que jugaba de delantero por el ala izquierda porque chutaba mejor con esa pierna los domingos después del vermú —el resto del año era diestro—, fue expulsado del campo con tres avemarías y una docena de padrenuestros pues cada vez que pasaba junto a Florencio le decía bajito «me cago en la madre que te parió, maricón», hasta que mosén Antonio se percató y de un pitido echó al banquillo al Francés con la amonestación correspondiente mientras repetía «*Mater purissima, Mater castissima, Mater admirabilis*», en mitad de un abucheo ensordecedor, a cambio de un «hijo de la gran puta» que Juan soltó en francés, para que no lo entendiera, pero clarito clarito. Serafín Modrego vomitó en el área de penalti, junto a uno de los postes, pero el juego siguió como si nada a pesar del pestuzo a vino agrio que había dejado de regalo al Tres Patas, por guardameta y cabronazo. Al final del día, todos vencidos, fueron subiendo a los remolques, incluida la Virgen, y marcharon a dormir a sus casas hasta el año siguiente. Quiero decir que no es que estuvieran un año entero durmiendo como los osos, aunque bien hubiera podido ocurrir, sino que terminó la fiesta y volvieron a sus casas pensando en la romería del próximo año, y algunos en la revancha.

Miguel Zalaya se acostó rendido, y durmió aquella noche profundamente. Con la romería, la Virgen y su promesa olvidada en lo más recóndito de los sueños. Pero la Virgen no había olvidado y la promesa de llevar la cruz de su hijo hasta lo alto del calvario descalzo no cayó en saco roto. Y aquella noche la Virgen del Camino no solo curó la pierna de Miguel, sino que le regaló una entera, a estrenar. Esta es la verdadera razón y no otra por la que a Miguel Zalaya se le adjudicó a partir de entonces el mote de Tres Patas, pues nada más ocurrir el milagro se paseaba por todo el pueblo con su pierna ortopédica bajo el brazo, para que todos y cada uno de los vecinos de Valcorza pudieran maravillarse del milagro y más si cabe al verlo con sus dos extremidades de carne y una tercera de plástico colgando, que enseñaba a los incrédulos para que la tocaran como Tomás a Cristo su herida en el costado, pero vivo todavía y sin resucitar.

Lo primero que hacía Miguel Zalaya nada más despertarse por la mañana era soltar unos pedos dentro de la cama que, al quitar colcha y sábanas, ascendían como una niebla espesa, hasta en los días más calurosos del mes de agosto. Cuál no sería su sorpresa aquella mañana que se quedó sin habla y por primera vez la casa no retumbó como tarde de tormenta. Llamó a gritos a Remedios Blasco, que acudió corriendo muy asustada, encontrando a su marido sentado en el borde de la cama, atónito ante lo que estaba viendo y palpando.

—Remedios, que me ha crecido una pierna nueva —le dijo tranquilamente.

—En menudo lío se ha metido la Virgen sin saberlo, a lo tonto —apostilló.

Se santiguó en nombre de la Virgen. Se puso en pie con naturalidad, como si nunca le hubiera faltado miembro alguno, y con la misma compostura que había enfilado los calcetines en ambos pies, cogió la pierna articulada que había dejado apoyada en la silla, junto a la cama, y la subió al granero. Por si acaso.

14.

En el cine Bonanza la sesión era a las cinco, como los toros. Con moscas y todo. Porque el cine, con el buen tiempo, estaba lleno. De moscas. Después de misa, a la hora del vermú en La Rambla, preguntábamos por la programación a Manolo el Bodollo, que además de cartero había aprendido a proyectarnos las películas los domingos por la tarde. Había tres posibilidades: de Tarzán, del oeste o de romanos. Y si no sabía qué decirnos era para echarse a temblar porque la película podía ser de cualquier cosa, hasta de amor.

Antes de entrar en el cine hacíamos provisiones de pipas en el Comprebién. De pipas y de pepinillos y de Palotes. Los pepinillos los hacía la misma señora Mercedes, con vinagre de vino, y eran grandes, y nos daban unos escalofríos por todo el cuerpo que para qué cada vez que les hincábamos el diente. En ocasiones, después de los pepinillos, nos comíamos una bolsa de Sidral untando una barra de regaliz llena de chupetones. A continuación las pipas, cuando la película estaba ya bien empezada. El ruido de las pipas multiplicado por un ciento, se sumaba a la banda sonora del filme. Dice Casasús que los americanos, agudos donde los haya, tienen una versión de *Los diez mandamientos* con chasquido de pipas para proyectar en los cines de los pueblos. Para *Los diez mandamientos* nos comprábamos dos bolsas de pipas y cinco chicles. Para cuando se abría el mar de par en par con el toque de barita mágica del Charlton Heston masticábamos una bola tremenda de chicle con tropezones de pipas que terminábamos pegando en el asiento de delante. La tarde que desguazaron el cine y ya no pusieron más películas de indios ni de nada e hicieron una pila de butacas plegables de madera para pegarles fuego, todo Valcorza se ennegreció con una gran nube de humo negro, igual que cuando Jesucristo se murió estremeciéndose el cielo, pero esta vez sin resurrección. En el intermedio nos aupábamos sobre el respaldo levantado de la silla para ver dónde se habían sentado Julita y sus amigas, que nunca nos miraban pero sabían perfectamente que las buscábamos oteando el patio de butacas. Isa, una amiga de Julita que venía solo a pasar el verano y algunos fines de semana y acabó casándose con Adolfo y un abrigo de piel de conejo, era un poco estirada y cuando volvían a apagarse las luces le pegábamos un chicle en el pelo, que se tenía que cortar con unas tijeras haciéndose una calva. Al terminar la película caminábamos sobre una alfombra de cáscaras de pipas, envoltorios y escupitajos.

Al ruido de las pipas hay que añadir el chirriar de las butacas de madera con el público dentro que se agitaba inquieto ante el inminente comienzo de la película. Los quejidos de la madera se amortiguaban poco a poco cediendo al argumento, con el que crecía el nerviosismo histérico de las pipas durante el ataque de los malos. Cuando por fin llegaban los elefantes a salvar a Tarzán todos empezábamos a aplaudir porque ya nos habíamos terminado las pipas. Los besos de Tarzán estaban siempre cortados y parecía que los cuellos se les fueran a desencajar en aquellos requiebros para delante y para detrás, que se veían venir. Entonces empezábamos a silbar y aullar ahogando los diálogos. Por unos momentos parecía que estuviésemos viendo una peli de cine mudo. En las películas de Tarzán los leones se comían solo a los negros. Y eran los únicos que se despeñaban por los precipicios. Y entonces soltaban la carga que transportaban sobre la cabeza. Les hincaban el diente también al salir corriendo en mitad de la selva dejando solos ante las amenazas a Jane y al capitán, que llevaba siempre su traje blanco inmaculado. El capitán era joven y guapo y medio tonto. Y acababa metiendo la pata. Al jefe de los exploradores solo le importaba cobrar, como al Sargalero más tarde, y había aprendido a hablar como las tribus de la selva. En el sombrero lleva un adorno de piel de leopardo. Y un pistolón. Como el del señor alcalde.

Un domingo echaron una de Tarzán pero que no era Tarzán. Estaba vestido igual que él. Pero no era Tarzán, en serio. Ni gritaba como él. Y se montó una tremenda. Pararon la película. Nos devolvieron el dinero y casi destrozamos el cine. Llamaron al sargento Castiñeiras y nos echó a todos a la calle. El sargento Castiñeiras se parecía mucho al capitán, que quería ser novio de Jane pero nada de nada porque al final se quedaba con Tarzán. Y tenía como él gorro, pero negro y con picos en lugar de blanco y redondo. El sargento Castiñeiras no eran joven, ni guapo, pero sí tonto perdido. Seguro que al sargento se lo hubieran comido los leones. Con tricornio y todo.

Una vez se les pasó un beso y aquello fue la hecatombe. Los silbidos se convirtieron en gritos desconcertados de aprobación ante el inesperado espectáculo de los protas dándose el lote. Cuando le dije a mi madre que Tarzán le había dado un beso a Jane en la boca me dijo que no, que se besaban aquí, en un lado, justo en la comisura de los labios. Y yo me dije que Tarzán y Jane debían tener la boca muy pequeña con morritos de culo de pollo. Pero no. Cuando Tarzán llamaba a los elefantes con un grito tremendo tenía la boca normal. Grande incluso. Menudos berridos. Cuando echaban una de Tarzán nos pasábamos toda la semana llamando a los elefantes por todo Valcorza, hasta la película siguiente. Una de romanos que se pone chulo y se llama Espartaco. Yo fui durante mucho tiempo Espartaco y vivía en las ruinas del castillo del cabezo de Cienfuentes. Bueno, todos queríamos ser Espartaco. Pero el único auténtico era yo. En *Espartaco* también había leones, pero en lugar de comerse a los negros se zampaban a los cristianos. Y eso nos ponía la carne de gallina, como el Sidral y los pepinillos en vinagre.

El día que echaron *Espartaco* nos pillamos un cabreo monumental porque al final pierden los buenos y matan al protagonista. En lugar de aplausos la bronca fue de las que reafirmaban la autoridad del sargento Castiñeiras. No nos quisieron devolver el dinero porque ya habíamos visto la película. Nos marchamos, pero se la juramos a Manolo el Bodollo, que no quiso atender a razones y dijo que la culpa no era suya si crucificaban a Espartaco.

—También a Jesucristo lo han crucificado y no vais a mosén Antonio al final de misa exigiendo la absolución de todos vuestros pecados por la jeta —dijo.

Que la película se la habían mandado así y ya está —añadió cerrando el ventanuco de la taquilla—. Pues en Valcorza siempre habían ganado los buenos, por cojones. Eso dijo una vez don Julián, el alcalde, en el pregón de fiestas. Y nosotros hicimos cumplir la consigna de Julián el Calderetas a rajatabla.

Al día siguiente, lunes, estuvimos esperando a que Manolo el Bodollo fuera a La Rambla a recoger el correo para el reparto, que es donde dejaba las cartas el conductor del coche de línea. Lo vimos apuntar por la carretera, sujetando la bicicleta por los cuernos, de paseo, cuando Timoteo el Modorro se le acercó entregándole en mano una carta y muchas explicaciones. El Bodollo le decía a todo que sí con la cabeza y guardó la carta en las alforjas de la bici con el sello de correos impreso en los costados de cuero. Se despidieron con otras tantas explicaciones del Modorro y los mismos asentimientos de Manolo el Bodollo que había puesto su cara solemne de funcionario del estado. Al llegar a La Rambla dejó apoyada la bicicleta en la pared junto a la puerta de entrada, debajo de la ventana. Ernesto el Tocateja entró a vigilar que el Bodollo se tomara su café esperando la llegada del correo.

—Asústame el café, Cosme, que el Modorro me ha puesto de los nervios con su dichosa carta —oímos por la ventana abierta que decía—. Me ha hecho prometerle que se la entregaría en mano a Lola la Coja.

Mientras Ernesto el Tocateja estaba al quite de la conversación, el Renacido y yo aprovechamos para coger la bicicleta del Bodollo y salir pitando antes de que llegara el coche de línea. El Tocateja llegó a la presa del pantano con una sonrisa de oreja a oreja explicando la cara del Bodollo cuando salió de La Rambla y se dio cuenta de que se le habían llevado el vehículo oficial del reparto.

—¿Y cómo le explico yo a Timoteo el Modorro que me han robado la herramienta con su carta para Lola la Coja dentro? —no paraba de repetir el Tocateja que decía el Bodollo.

Tiramos la bicicleta del Bodollo al pantano desde lo alto de la presa al grito de viva Espartaco. Le llenamos las alforjas de piedras, para que se hundiera mejor en las aguas oscuras y verdes de la memoria. Y allí se quedó, en el fondo del pantano, por el esclavo más valiente de Roma, con los barbos y las culebras.

15.

Nada más salir con la cruz a cuestas por los arcos de la iglesia se hizo el silencio, apenas roto por el retintín de las cadenas de Remedios Blasco quien, por solidaridad, se había sumado a la penitencia de su marido. El Tres Patas, vestido con traje de Nazareno, estaba impresionante. Y eso que mosén Antonio había dicho que la peluca estaba solo para una temporada más. En el sermón del Jueves Santo explicó que andaba muy apolillada y se caía a trozos, y que en lugar de ir a emborracharse a la Rambla más nos valía a todos dejar un donativo en condiciones. Para comprarle una peluca nueva al Nazareno. Además de melenas, el Tres Patas llevaba puesta una corona de espinas con gotillones de sangre. Una túnica morado azabache. Casi negra. Y la cruz a cuestas. Se oían cuchicheos preguntando «quién es, quién es», porque de no conocer la identidad de Cristo cubierto de tanto dolor, resultaba imposible saber que se trataba del Tres Patas. Solo los íntimos conocíamos el asunto de su pierna y de su promesa.

Abría la comitiva Damián el alguacil, más conocido por el Tomato, porque de pequeño le había salido un sarpullido y desde entonces se había quedado colorado. El Tomato desfilaba de uniforme, con su insignia y la corneta de anunciar los bandos del Ayuntamiento, bruñidas y relucientes. Circunspecto. Seguido de un cuarteto de tambores y dos bombos. Aporreándolos con mucho sentimiento. Cuando pasan cerca le tiemblan a uno las entretelas. A continuación el Nazareno, o para el caso Miguel el Tres Patas con greñas y corona de espinas, abatido por el peso de tanta cruz, tremenda, que parece maciza pero está hueca por dentro. Y aún así pesa lo suyo, no te vayas a creer. Lo acompaña su amigo Sebastián el de los Colchoneros, que hace las veces de Cirineo, ayudándole a caerse en cada una de las estaciones. Primero la tercera. Y en la séptima y en la novena vuelve a caer y Sebastián le vuelve a ayudar, sin sospechar que a los cuatro días lo iba a crucificar de verdad a tiros. Miguel avanza custodiado por Eladio Casasús, Timoteo el Modorro, Constantino el Piteras y Serafín Modrego, vestidos de romanos con faldita corta y coraza, unas medias rosas llenas de remiendos, casco de penacho rojo y un espadón descomunal colgado al cinto. Serafín lleva su casco en la mano, porque no le cabe. Los cuatro ponen cara de malas personas, y despiertan la animadversión de cuantos los contemplan desde las aceras.

Desde lo alto de su peana la Virgen del Camino contempla la maldad de los romanos y el sufrimiento de su hijo, que confía morir crucificado en el cabezo Cienfuentes. Se le zarandea un poco la cabeza porque la llevan en volandas los quintos, que han estado bebiendo manzanilla con anís y andan un poco borrachos. Todos los años rozamos la catástrofe. Pero la Virgen sigue milagrosamente intacta y bien amarrada a su peana. Son las cuatro de la tarde y un sol de justicia. Los quintos sudan la gota gorda. El Tres Patas suda la gota gorda, aunque no se le nota. También los romanos. Conducidas por mosén Antonio, un grupo de beatas, de negro y con mantilla, entonan letanías ahogadas por el retumbar de tambores y bombos. Transportan un turiferario que reparte incienso todo lo largo del camino. Entre el grupo de mujeres se encuentra Julita la del Comprebién, con un traje zaino muy ajustado y medias oscuras y zapatos de tacón de aguja, paseando su palmito delante de todo Valcorza, como pregonando para que quede bien claro «sigo estando más buena que nadie». Y con razón. Lleva del brazo a Remedios Blasco, que camina descalza y arrastra una cadena de tractor con gran recogimiento. Sujetan todas un hachón encendido chorreando cera y penitencias. Huele a muerto. Cantan con voz gangosa.

Pange, lingua, gloriosi
Corporis mysterium
Sanguinisque pretiosi
quem in mundi pretium

fructus ventris generosi
Rex effudit gentium.

Ya fuera del pueblo, la procesión sube por un camino pedregoso, sembrado de retamas que pinchan mucho y hacen sangre. A la cola, cierran filas las autoridades, el señor alcalde Julián el Calderetas al mando, con un pendón enhiesto donde las mujeres han bordado el nombre de la cofradía, la Virgen del Camino. El alcalde se ha puesto traje y camisa blanca, como el secretario, y una pareja de la Guardia Civil desfila con uniforme de gala y el pistolón al cinto, a las órdenes del sargento Castiñeiras. Todo Valcorza ha subido al calvario. Cosme ha cerrado La Rambla.

El vía crucis recorre el camino perfectamente señalizado con un altarcito por estación, recién encalados para la ocasión y rematados por una cruz de hierro, que el mismo Constantino el Piteras ha forjado en su fragua. Cada una de las estaciones del vía crucis representa en cerámica de colorines a la Verónica enjugando el rostro de Jesús, o Jesús siendo despojado de sus vestiduras, o Jesús muerto en la cruz. Judíos y romanos tienen el rostro deshecho, así como todos los personajes malvados que aparecen en las baldosas policromadas del calvario. Les han machacado la cara con una piedra. Por miserables. En cada escena de cerámica donde se detiene la procesión a relatar el vía crucis se ven socavones de arcilla roja en lugar de cabezas junto a la carita sonrosada y el manto azul cobalto de María Magdalena.

El recorrido da toda la vuelta al cabezo Cienfuentes, para volver a la iglesia. La cruz la recogen en la sacristía, con el traje de Nazareno, hasta el año siguiente, y a la Virgen la colocan junto a la imagen del Cristo yaciente, medio desnudo y cadáver, lleno de heridas con churretones de sangre reseca y agujeros en manos y pies, dentro de una hornacina. El Tres Patas ha llegado derrengado. Casi se cae de verdad un par de veces por culpa de los pedruscos del camino. Entre juramentos. No paraba de mirar la hora cada vez que el cura mandaba detener la procesión para decir medio cantando que Jesús había encontrado a su Santísima Madre o consolaba a las mujeres de Jerusalén, rematando su intervención con «Os adoramos, Señor, y os bendecimos», a lo que los presentes respondían en un sonsonete que se iba apagando conforme llegaba a los últimos de la fila «Porque, por vuestra Santa Cruz, redimisteis al mundo». Y vuelta a empezar. Miguel Zalaya aguantó hasta el final. Subió y bajó del calvario con sus dos piernas. La antigua y la nueva. Acabó roto, pero cumplió. Sin quitarse los calcetines. Dijo que había olvidado cortarse las uñas y se le antojó indecente pasear su promesa con aquellas garras de gavilán. De modo que su penitencia al final resultó una miaja deslucida. Por eso le quedó un amago de cojera que nunca se le fue del todo. Ni después de muerto.

16.

Serafín Modrego mató con triunfo y cantó las cuarenta.

—A pagar —añadió, echando las cartas sebosas tripa arriba sobre el tapete verde con socarrones en las puntas.

Eran las cuatro y veintidós de un domingo otoñal cargado de nubes que barruntaban agua, porque a Serafín Modrego le dolían los huevos.

—Lo que tú necesitas es echar un polvo —apostilló Miguel Zalaya—, que las únicas hembras que has visto en mucho tiempo, además de tetas, tiene un par de cuernos tan grandes como los que le pone la señora Mercedes al difunto de su marido, que en paz descanse.

—Hombre, pues qué quieres que te diga, contento te pondrías si la parienta tuviera las tetas de tus cabras. Pero sin cuernos. Los cuernos ya los pondrías tú.

—Para tetas, las tuyas, Modrego.

—Y Remedios una santa, Tres Patas, una santa. Para todo. Con cuernos, sin cuernos, una santa. Tienes dos hijos, ¿no? Chico y chica. Dos polvos. Uno por delante y otro por detrás. Para los otros has tenido que ponerlas, y pagar las copas. No te pongas así. Te invito a joder, venga.

Y lo cierto es que Serafo tenía un par de tetas bien puestas. Una noche ganó una cena para todo el bar porque apostó que le salía leche por los pezones y nadie lo creyó. Y sí que tenía leche en los pechos, sí. Se creó mucha expectación en La Rambla. Trajeron un café y le dijeron a Serafín que preparara un cortado. Y Serafín, después de negociar cordero con patatas para todos, vino y postre, se quitó el jersey y, despechugado, empezó a ordeñarse a sí mismo con toda naturalidad, derramando un líquido blanquecino en el vaso de duralex.

—Ahí tenéis el café, me cago en la madre que me parió, que os voy a escachar la cabeza —añadió dejando el vaso encima de la mesa, suavemente, con dos dedos.

La Rambla entera no salía de su asombro. Y Cosme tuvo que preparar ternasco para todos. Serafín Modrego se puso muy contento. Se echó al gaznate una docena de carajillos. Hasta ponerse fatal. Terminó vomitando tropezones de patata y vinazo hasta que ya no le quedó nada dentro del cuerpo.

—Cago en Dios, me ha sentado mal el café —repetía entre arcada y arcada.

Y después de echar hasta los hígados por la boca volvió a sentarse a la mesa y se pidió un chinchón seco, a ver si las tripas se le ponían en su sitio.

—¿A quién le asusto el café? —preguntó para seguir la broma.

Y no es que Serafo fuese maricón. Para nada. El maricón era Florencio, que a lo que te dabas cuenta estaba sentado a tu lado echándote la mano a la entrepierna y amasándose el rabo con la otra. Le había costado ya algún bofetón, pero no escarmentaba. Florencio iba a lo suyo. Y lo tenían amenazado. Porque se quedaba mirando a los chicos en la plaza mucho rato. Mucho rato. Con las manos en los bolsillos. Tocándose.

Siempre supimos que Florencio era maricón. Solo que ahora ya no le importaba. Ni a él ni a nadie. Las cosas del corazón para el que tenga que sufrirlas. Y se había enamorado de Serafín Modrego. Menuda penitencia. Porque Serafín Modrego era tan bestia como el amor que Florencio pregonaba sin pudor por todo el pueblo. Primero nos lo tomamos a chirigota. Y luego todos mirábamos de reojo esperando una desgracia cualquier día.

El caso es que Serafo era buen mozo y Florencio hacía mucho tiempo que se había licenciado. Demasiado. Los domingos guardaba fiesta y bajaba del monte. A la hora del café se sentaba detrás de Serafín Modrego, un poco retirado, sin decir nada. Llevaba siempre puesto un mono azul y una gorra de Repsol. Lo miraba jugar a las cartas, con las manos juntas, entre las piernas. Sin decir nada. Amándolo. Ese domingo, después de cantar las cuarenta, se volvió y le dijo a Florencio. Muy despacio. Tan despacio que nos dejó muy asustados:

—Florencio, como pierda te escacho la cabeza.

Pero nunca llegó a pasar nada. Aunque Serafo tuviera que pagar los cafés. En La Reina de Corazones siguieron vendiendo amor durante muchos años a los vecinos de Valcorza y a otros verracos en celo de los pueblos de la rodeada. Serafo se compró un *jeep* nuevo con tracción a las cuatro ruedas para ir a tomar café.

—Hoy vas a follar con tracción a las cuatro ruedas, Serafo —le dijo Arsenio el Vinagres en la peluquería espolvoreándole en el pescuezo polvos de talco.

Eso le decían en La Rambla para provocarlo, porque no paraba de repetir, desde que se lo compró, que su auto tenía tracción a las cuatro ruedas. Y entonces se reía mordiendo la faria. Mirando las cartas. Sin levantar los ojos. Con la cara roja de sangre. Machote. Después de cambiar de coche, se hizo construir una casa de planta y piso y dos baños, al final del pueblo, en una era. Pero él seguía haciendo sus necesidades en el corral. O en el monte. Porque no le iba eso de cagar sentado en una silla. Hubo elecciones y ambos votaron. Florencio al Calderetas. Y Serafín Modrego a los suyos, con Agustín el Sargalero para alcalde. A ver si echaban al mierda de Julián el Calderetas. Don Julián había regalado un sobre con su nombre dentro a Florencio para que fuera a echarlo al Ayuntamiento, y Florencio se fue a votar muy contento.

—Que se jodan esos hijos de puta que fusilaron a mi padre cuando subían de retirada hacia Barcelona —rumiaba con la papeleta en la mano hacia la mesa electoral.

Lo dejaron tirado en un ribazo, en los altos del Hoyo.

—Para que se lo coman las alimañas. Porque tu marido es una alimaña —le dijo su madre que le habían dicho.

A Florencio se le fueron cayendo los dientes, uno tras otro, pero siguió votando a Julián el Calderetas, aunque don Julián nunca volviera a presentarse para alcalde de Valcorza. Cuando empezó a comerse el jamón con los colmillos, se lo llevaron a una residencia, pero tuvieron que mandarlo de vuelta a Valcorza porque se escapaba y los municipales tenían que buscarlo por todo el monte. Lo dejaron en casa de su madre, la Sagrario, que llevaba muerta y enterrada mucho tiempo, para comer magra y latas de escabeche el resto de sus días, que fueron cientos. Arsenio el Vinagres le cortó el pelo una docena de veces. Y al final murió de cáncer de próstata. Enamorado.

17.

—Por orden del señor alcalde, se hace saber, que esta noche, a las nueve, actuarán en la plaza Los Palax.

Y por si alguien no se había enterado, los hermanos Palax desfilaban por todo el pueblo tocando el saxofón con una cabra. Y una aparición repartiendo reflejos y programas, vestida de lentejuelas, de la que todos, sin excepción, caíamos enamorados en cuanto Damián hacía sonar la corneta anunciando la actuación de los Palax. Anunciándola a ella.

Los Palax venían de muy lejos. Del extranjero. Y el extranjero estaba tan lejos que nadie sabía dónde quedaba a ciencia cierta. Y en su gira mundial pasaban por Valcorza con un espectáculo que había triunfado en todas las grandes capitales. Una única actuación antes de continuar su exitosa turné a lo largo del continente. Los Palax venían del extranjero. Hacían una parada en Valcorza, y volvían a marcharse al extranjero. Hasta el año siguiente. Así durante años. Hasta que no volvieron nunca más.

Ese día cenábamos pronto, y al caer la noche las calles eran un desfile de sombras arrastrando sillas hacia la plaza de Valcorza. Cada cual iba tomando asiento ordenadamente. A los chicos nos dejaban sentarnos en el suelo, en primera fila. Y las madres y las abuelas en sus sillas. Y algunos hombres al final, de pie.

Los Palax eran cuatro. Y entre los cuatro lo hacían todo. El señor mayor, que debía de ser el padre de la familia Palax, daba las buenas noches y presentaba el espectáculo, vestido con traje de cola y sombrero de copa. La señora esperaba junto a una selva de cartón con jirafas y loros y culebrones para dar paso al malabarista, un señor más joven vestido de negro con un traje ajustado, enseñando la pechera, que al escuchar su nombre irrumpía de entre los cortinones dando saltitos y saludando al público, sin parar de sonreír. Detrás salía la Princesa, de ayudante. Que también sonreía todo el tiempo. La frontera entre el espectáculo y el resto de la vida estaba marcaba por aquella sonrisa. Jamás he visto a nadie sonreír de aquel modo. Y dejar de hacerlo. Porque cuando levantaban el campamento al día siguiente y habían recogido sus trajes de lentejuelas, ya no sonreían. No sonreían nada de nada. Y aquellos hombres que plegaban cortinajes y cargaban baúles en su furgoneta no eran los Palax. Y la Princesa tampoco. La Princesa había perdido su luz.

Pero de momento sonreían. Sin parar. El joven Palax con los brazos en cruz y las palmas de las manos vueltas hacia arriba. Como recogiendo nuestros aplausos de bienvenida. Y la Princesa también sonreía. Esperando el momento de pasar las anillas al malabarista. Primero tres. Que hacía volar por los aires. Y a continuación otra más, que la Princesa le lanzaba desde un segundo plano. Y otra. Hasta multiplicarse en una retahíla de aros volando a través de sus manos.

A los Palax les brillaba todo. El traje. La sonrisa. El pelo. Menos los ojos, todo. Y todavía brillaban más cuando cambiaba las anillas por unos palos con fuego que volteaba y hacían humo. Algunas veces se le caían al suelo. Pero nosotros aplaudíamos todavía más y el malabarista empezaba de nuevo su número empeñado en hacer girar por los aires aquellas antorchas. Al final sujetaba todos los palos con una mano y con la otra saludaba, la palma hacia arriba siempre, recibiendo nuestros aplausos. La Princesa corroboraba nuestro entusiasmo señalando con la suya, también vuelta hacia arriba, la proeza de su compañero.

Entretanto la señora Palax presentaba la actuación musical del señor Palax, que irrumpía tocando el saxofón con un bombo atado a la espalda y unos platillos que hacía sonar dando patadas. La Princesa y el malabarista se preparaban para el número siguiente. Con el señor Palax salía una cabra que la señora Palax paseaba por delante del público sujeta con una cuerda. Sobre un taburete colocaban un cilindro de madera y sobre el cilindro se subía la cabra, a la que apenas le cabían las pezuñas y conseguía sostenerse de milagro. El señor Palax interpretaba la canción *Y viva España*, que acompañábamos con palmas y al llegar a la frase principal del estribillo Valcorza al unísono repetía su «viva España» con entusiasmo, convencidos de lo que estábamos diciendo. Más que una melodía, aquella canción se había convertido en una declaración de principios. Y cuando todas las voces coincidían en una única voz en el «viva España», la cabra, subida al tarugo de madera, daba una vuelta. Y conforme la melodía iba repitiéndose y los «viva España» se reanudaban, el entusiasmo de Valcorza iba en aumento y, más que cantar, gritábamos «que viva España» desencajados, *in crescendo* con cada vuelta en redondo de la cabra de los Palax y el señor Palax fraseando su arenga al saxofón con acompañamiento de bombo y platillos y patadas.

Aquel momento de delirio era aprovechado por la señora Palax para subirse a la inercia del entusiasmo y cobrar el duro que costaba la entrada. Recuperado el sosiego, hacía su aparición la Princesa, con un traje centelleante ceñido al cuerpo y medias de rejilla que disimulaban un zurcido en la parte posterior de la pierna izquierda.

Sobre el mismo taburete en que se había subido la cabra, colocaba un cilindro de madera tumbado, y sobre el cilindro una tabla y sobre la tabla la Princesa, que pedía silencio con un gesto antes de subir los dos pies y comenzar una escalofriante danza. Aquellos instantes eternos nos ponían a todos el corazón en un puño. Alguna vez la Princesa parecía caer pero saltaba antes y, como sucedía con el malabarista, aplaudíamos para darle ánimos y se encaramaba de nuevo a la plancha hasta resolver con éxito su desafío.

El señor Palax volvía a interpretar una canción al acordeón. Esta vez sin cabra. Y para terminar el espectáculo la señora Palax vendía boletos para una rifa a peseta la tira de cinco números. Sorteaban una muñeca Nancy y una botella de Soberano. Y casi nunca tocaba.

A la mañana siguiente acudimos a la plaza, pero los Palax ya se habían marchado. Seguían su camino hacia el extranjero. Lejí-

simos. Tanto que nadie sabía dónde estaba exactamente. Llevándose consigo la sonrisa de la Princesa. Su pierna remendada. Sus
malabares encendidos. Y sus canciones. Solo quedaban de su paso
por Valcorza las tiras de la suerte pisoteadas por el suelo.

18.

El entierro del Piteras fue muy sonado. Empezaron a tocar las campanas a eso de las once de la mañana y casi no paran.

—Vete a casa del Piteras —me había dicho Aurelio, el sacristán—, y ven a avisarme en cuanto se muera.

Porque el Piteras había sido también monaguillo, y tenía querencia al sonido de las campanas. Fue siempre uno de los más hábiles y más fuertes. El primero en subir a la torre y abrazarse a cualquiera de las tres campanas para empezar a bandearlas durante las fiestas, o los bautizos. Era de los pocos que conseguía encanar la más pequeña, que pasaba rozándole el flequillo al arrimarse en cada vuelta. Hasta que el badajo quedaba tieso y dejaba de sonar. Por eso Aurelio quería saber enseguida si se había muerto, para subir y tocarle.

Subir a tocar era una fiesta. Los más grandes se encargaban del campano enorme y, con grandes esfuerzos, empujaban, zarandeándolo, hasta que cogía impulso suficiente, momento en el que se colgaban dos o tres de la cruz de madera para darle la vuelta entera. Quedaban suspendidos, en el aire, con peligro de ser arrastrados y salir volando por encima de la fuente de la plaza. Para entonces las otras dos campanas volteaban ya acompasadas. El sonido era tan ensordecedor como delicioso y festivo. Después de un rato, que duraba siempre más del permitido por Aurelio, se dejaba que las campanas fueran deteniéndose solas hasta que la cadencia reducía el repique del bautizo a golpes limpios y espaciados. La última nota, la última vez que el badajo rozaba el bronce de una de las tres libraba de pagar los cafés. Pues tenía fama de roñoso. Hacía sonar campanas, resultaba siempre dramática. Y se quedaba suspendida en el aire y en nuestros tímpanos la vibración aguda, porque casi siempre duraba más tiempo la pequeña, hasta muy avanzado el vermú en La Rambla.

En Valcorza siguieron tocando a muertos y a vivos hasta que Ambrosio salió aventado por sangrimís y terco, empeñado en bandear la campana más grande y así le fue, que a poco se mata, y el señor alcalde, Julián el Calderetas, lo prohibió porque ya teníamos bastante con un bautizo para que cualquiera se apuntara a la fiesta sin permiso, como el idiota del Ambrosio, que no se estampó en mitad de la plaza de puro milagro. Lo salvó un remolque lleno de cebada sobre el que aterrizó de cabeza. Desde entonces se quedó con el ojo derecho medio cerrado y un poco tartaja. El mismo día que echaron peladillas delante de la iglesia porque la hija mayor de Serafín Modrego había sobrevivido al parto fiero de su mujer, Paulina Foz, Ambrosio fue también bautizado para toda la vida con el mote del Renacido, por razones obvias.

En ocasiones, con la complicidad de Aurelio, subíamos a robar pichones. Cerrábamos las claraboyas de la bóveda de la iglesia, caminábamos sobre la coronilla de San Antón y el cerdo, y llenábamos un saco de pichones, que parecían hechos de algodón, y nos los comíamos encebollados, acompañados de vino con gaseosa. Los pichones había que matarlos uno por uno, salvo los que salían del saco muertos ya. Algunos preferían ahogarlos en un balde con agua, pero lo más cómodo era asfixiarlos apretándoles sobre la caja torácica con el pulgar y el índice por debajo de las alas. Hacían algunos aspavientos, pero enseguida quedaban quietos. Y al poco tiesos como garrotes también. Aún quedaba pelarlos, cortarles la cabeza y las patas y limpiarles las tripas. Terminábamos felices, aunque pringados de plumas y de sangre. Con el vuelo y la resurrección de Ambrosio se acabaron también los pichones encebollados.

Nunca Aurelio el sacristán dejó que nadie tocara a muertos. Y todos nos preguntábamos quién repicaría las campanas el día de su entierro. Y en más de una ocasión Arsenio el Vinagres lo incomodó al respecto con su mala catadura a la hora del guiñote, por incordiar y despistarlo. Sobre todo cuando iba ganando el coto y se las tres campanas con gravedad. Con recogimiento. Y daba hasta miedo. Y mucha pena. Ataba sogas a cada uno de los badajos de las tres campanas. Se ponía en el centro de la torre. Sujetaba la cuerda de la pequeña con la mano izquierda. La mediana y la grande con la derecha. Entonces hacía sonar las tres campanas siguiendo un orden alternativo y siempre con el mismo ritmo. Primero la pequeña, seguido de la mediana. Así tres veces. El tercer repique se completaba con el bordón de la más grande, que daba al concierto empaque y gravedad. Repetía de nuevo la serie de tres, pequeña, mediana y grande, para volver a empezar con dos repiques de pequeña y mediana culminado con grande al tercero.

El caso es que el Piteras se murió de repente. Sin avisar. Se puso malo después de comerse una vuelta de longaniza. Le entraron unas fiebres tremendas. Se metió en la cama. Se dio aviso al practicante. Vino. Lo auscultó. Le tomó la tensión. Dejó un botellón de jarabe encima de la mesilla. Arqueó las cejas y dijo que volvería al día siguiente. Pero al día siguiente no hizo falta que volviera porque el Piteras ya se había muerto. Se enteró por el toque de Aurelio el sacristán, amigo íntimo del Piteras, con el que no se hablaba desde hacía años, sin que nadie supiera explicar muy bien por qué. Corrían diferentes versiones del asunto. Todas imposibles. Casi vuelve loco a todo el pueblo hundiéndolo en la congoja sin parar de tocar. Fue su manera de recordarnos lo amigos que habían sido.

Para el velatorio habían puesto pastas y anís en una mesa camilla, a los pies del difunto. Y donde había anís no podía faltar Juan el Francés, que se pegó toda la noche velando al Piteras, tomando chinchón y dando cabezadas sentado en una silla. No le dejaron cantar, ni a Ambrosio el Renacido reírse.

A punto de la mañana lo metieron en su cajón de muerto y, nada más cerrar la tapa, se dieron cuenta que aquello no podía ser. El Piteras había palmado en su cama, y su dormitorio estaba en el piso de arriba de la casa, a donde se llegaba por una escalera estrecha y retorcida. El Piteras, además, era buen mozo. Vestido de uniforme, cuando cumplió con el servicio militar, estaba imponente. Alguien propuso sacar primero el ataúd por partes, del mismo modo que lo habían subido, y bajar al muerto después, en volandas, y meterlo dentro en el patio, o en la misma calle. Pero nadie quiso continuar con la propuesta por considerarlo una falta de respeto. Al Piteras había que bajarlo en su caja. Entero. Los más jóvenes alzaron el ataúd y con decisión empezaron a maniobrar en las escaleras. Todo eran indicaciones. Especialmente de los viejos, que decían saber más de muertos. Había que sacarlo de punta, insistían. Así que levantaban el cajón por arriba y lo arrastraban por los pies, pero tropezaban con el techo y la curva no daba de sí para el porte gallardo del finado. Con tanto sube y baja, se le oía, además, darse de cabezazos dentro de su ataúd al pobre. Las paredes se empezaban a llenar de escorchones. Pero ni esto ni nada en el mundo podía acabar con el empeño de los mozos de sacar al Piteras de su casa dignamente, vestido de muerto. Echaron marcha atrás y lo intentaron de nuevo. Esta vez de costado. Con tan mala fortuna que en el último empellón dejaron el ataúd empotrado en mitad de la curva del hueco de las escaleras. Ni para adelante ni para atrás. Hacía un rato que se escuchaban juramentos. Y discusiones acaloradas. E insultos.

—Sonso, que eres un sonso —recriminaba Eladio Casasús a mi amigo Ernesto el Tocateja empeñado en abrir un boquete en la curva de las escaleras para dejar paso al féretro—. Nos encontramos ante un dilema epistemológico —continuó señalando con el índice los escorchones de la pared.

—Tócame los cojones y tira del Piteras —solicitaba el Tocateja sudando a chorros debajo del ataúd.

—La verdad se descubre por el análisis del concepto en sí mismo.

Margarita la Ratona, la mujer del Piteras, había asistido al atasco de su marido con mucha dignidad, sin decir palabra. Se había vestido de luto para la ocasión, con el traje que su madre llevó los domingos para llorar la memoria de su padre hasta que le tocó morirse a ella también. Aguantó un buen rato los coscorrones de su marido y ya no pudo más. Y abrazando a sus dos hijos empezó a increpar entre lagrimones desconsolados:

—Ahí va vuestro padre, de medio lado y a trompicones, como siempre, borrachuzo, cabrón —porque Constantino el

Piteras estaba empeñado en decir que el alcohol no le afectaba nada y seguía bebiendo hasta caer muerto.

Los niños no entendían nada, y lloraban de ver a su madre tan enfadada.

—Papa, no te vayas —balbuceó el mayor.

—¡Que se me lo llevan! —gritó la Ratona cuando por fin consiguieron desempotrar a Constantino y volver a la habitación. Las esquinas del ataúd se habían astillado, sin llegar a romperse.

Ambrosio el Renacido hizo un gesto levantando el dedo índice como si quisiera decir algo a la mujer del Piteras, pero Serafín Modrego le dio manotazo para hacerle callar.

—Pues no queda más remedio que sacarlo por el balcón — concluyó Eladio Casasús.

Y se hizo la luz. Los conocimientos filosóficos de Casasús nos iluminaron a todos en aquel trance. Ante la imposibilidad de bajarlo sin desarmar por las escaleras, nadie discutió la solución intrépida de utilizar la apertura de doble hoja. Entretanto se había creado mucha expectación en la calle, que estaba llena de mujeres y de niños. Los hombres estaban todos dentro. Dando instrucciones. Con las puertas abiertas de par en par, apareció el cajón negro por encima del barandado. Lo habían sujetado con unas cuerdas recias y los mozos iban bajándolo despacio, con cuidado, rozando y haciendo crujir la madera contra los hierros del balcón primero, y luego suspendido en el aire hasta el suelo, como en una puesta en escena de levedad inmortal y eterna. Fue entonces, nada más que la caja con el Piteras dentro tocó el suelo, cuando Juan exclamó, dirigiéndose a los mozos que todavía no habían soltado las cuerdas en lo alto, a modo de felicitación:

—¡Vivan los quintos!

Y lo anunció gritando. En francés, para darle mayor categoría al acontecimiento. Al menos eso creyó. Con su guitarra bajo el brazo. Festivo. Idiota. Nadie dijo nada. Y al ver que ninguno se daba por enterado, añadió como si se hubiera olvidado de algo importante, esta vez en español de España, como pidiendo disculpas y rematado por un gallo de congoja final:

—¡Viva Franco!

Juan el Francés seguía todas las operaciones sin abandonar una sonrisa maravillada. Extraordinaria. Los mozos soltaron las cuerdas que cayeron sobre el féretro retumbando. Abajo, Serafín Modrego, Manolo el Bodollo, que se había quitado la gorra por respeto y esperaba vestido con el traje de gala de cartero para la ocasión, Miguel Zalaya y su amigo Sebastián el de los Colchoneros, cargaron sobre los hombros al Piteras y, en silencio, seguidos por todo el pueblo, emprendieron la marcha hacia la iglesia, donde mosén Antonio se estaba impacientando y había mandado dar recado de que le informaran de lo que estaba sucediendo. Nada más torcer la esquina San Blas lo vimos delante de la iglesia, en jarras, a la espera, vestido con la casulla en mitad de la calle bajo un sol de justicia. Las campanas seguían repicando.

19.

Bajamos la cuesta del batán con el carretillo. No dice nada. La rueda chirría con la regularidad de un metrónomo. Le cuelga la cabeza fuera y, de vez en cuando, al tropezar con una piedra, rebota en la rueda de goma. Se abre una senda entre las ortigas. Las sargantanas, eléctricas, toman el sol. En la habitación no hay nada. Un reguero de agua serpentea por una hendidura que parte el suelo en dos. Desaparece por un agujero, en una acequia. Cada vez está más nervioso. Se agita. Protesta. Pero está atado y bien atado.

Ahora espera de costado sobre un trípode de madera. Miguel Zalaya busca al tentón con el anular y el dedo gordo el lugar exacto donde palpita la sangre, detrás de la faringe. Busca. Se queda muy quieto. Coloca la punta del cuchillo junto al dedo gordo. Con un empujón seco atraviesa la piel y secciona la yugular. Se sobresalta. Le echa la rodilla encima con todo el peso del cuerpo. Un chorro de sangre caliente empieza a llenar el cubo de plástico. El Tres Patas corta un poco más con el cuchillo para abrir la herida y dejar que corra la muerte. Tiene la hoja dentro. Sirve de guía. La sangre fluye afilada. Se vacía. Sufre convulsiones. Pero sigue atado, y bien atado.

Justo antes de morir empieza a mearse. Y luego se caga. Se caga de miedo. Deja de moverse. Vacío. Inmóvil. Solo entonces lo desata. Yace tripa arriba, despernancado. Limpia el cuchillo de sangre en el vientre. Corta la piel a la altura de las rótulas haciendo una pequeña hendidura en la articulación de modo que al forzar en sentido contrario se parta sin ofrecer resistencia. Le crujen las rodillas como un hojaldre. Traza una línea fina y precisa de arriba abajo, de la garganta a los genitales. Se envuelve la mano en un trapo y con el puño, por la puerta abierta en su barriga, separa la piel. Primero de un lado. Y cuando ha terminado, le da la vuelta y la despega por el otro.

Desnudo, cuelga boca abajo, por los tendones de los cuartos traseros. Ahonda en esa línea imaginaria que divide su cuerpo por la mitad y las vísceras estallan como en una cucaña, humeantes. Saca el bandullo de colores de la cavidad ventral. Deja las tripas, los pulmones, el bazo, su corazón en otro cubo de plástico. De ese cubo separa los intestinos, que limpia deslizando los excrementos fuera del laberinto con un pellizco. Le corta el cuello y le parte las cervicales. Tiene la lengua fuera y los ojos abiertos con sus pestañas. El par de riñones negros siguen pegados dentro, sobre la grasa.

En la carnicería, lo cortará en trozos sobre un tocón mediante golpes certeros y caricias sobre la carne. Y nos lo comeremos. Hay charcos de sangre que Miguel Zalaya el Tres Patas friega estampando en el suelo cubos de agua. Aparta chaval, me dice. Huele en el cuarto con el olor de las mujeres. Todavía no lo sé. El matadero se ha llenado de gatos. Acechan despojos. El Tres Patas hace un aspaviento. Y huyen espantados.

20.

La jubilación de mosén Antonio causó una gran conmoción en la vida de Valcorza. Como cualquier cambio, además de expectativas, suscitó interrogantes, inquietud e inseguridad. Se produjo, como se dice ahora, un vacío de poder. Solo que entonces el único poder conocido era él, y parecía inconcebible que pudiera vaciarse. Igual que el pantano. Pero se vació se vació, ya lo creo que se vació, dejando al descubierto el pan de rana y el fango, la bicicleta de Manolo el Bodollo con la carta que Timoteo el Modorro había escrito para Lola la Coja la víspera de matarse con el tractor, que había desaparecido un lunes en la puerta misma de La Rambla y nunca se supo dónde ni cómo, hasta que se secó el pantano destapando el mal olor, las viejas rencillas que esperaban turno anegadas por las aguas, con las alforjas de cuero de la bicicleta de correos del Bodollo que parecían un trapo escurrido, los barbos resecos y acartonados al sol y el rencor reseco igualmente.

Todo el pueblo se acercó hasta la presa para ver aquel espectáculo imposible. Y por la misma razón Valcorza al completo acudió al salón de plenos del Ayuntamiento el día de la fiesta, acondicionado con un pequeño estrado por el que fueron pasando las autoridades echando discursos laudatorios y lamentando la partida de nuestro cura. Paulina Foz, que había sido presidenta de Acción Católica, compuso, asesorada por Eladio Casasús, una poesía muy emotiva que sumió en lágrimas y mocos a todos los asistentes al acto. Es decir, a todo el pueblo. Pues igual que a misa de once los domingos, nadie se atrevió a faltar. A excepción de los cuatro de siempre.

—Que mejor hubiera sido fusilarlos en su momento —añadió don Julián tras pasar lista con la mirada.

Hace veinte años que pasó
lo que os voy a contar
y vosotros sois testigos
de esta gran realidad.
Era un 26 de agosto
que mosén Antonio vino
por mandato superior
a nuestro pueblo querido...

Cuando Paulina Foz concluyó su loa en verso la asistencia se rompió las manos aplaudiendo, incluido Cosme, que había cerrado el bar y prometido calamares fritos al terminar la fiesta. Eran momentos de perdón y reconciliaciones, y Cosme estaba dispuesto a olvidar las amenazas de mosén Antonio a todos aquellos que se atrevieran a tomar el vermú antes de terminar la misa, incluidos sus familiares más inmediatos, con el consiguiente perjuicio para el negocio, y a Cosme con excomunión por tener abierta La Rambla. Y hay que decir que mosén Antonio cumplió su promesa porque el hijo de Margarita la Ratona, la mujer del Piteras, se quedó sin hacer la primera comunión, y su marido un año entero de larga penitencia sin catarle el conejo, por chulito. Se enteró todo el pueblo.

El sustituto de mosén Antonio se llamaba José Enrique. Llegó al pueblo un día de principios de abril por la mañana, en un dos caballos. Todos los almendros estaban en flor, y Gregoria Samper a punto de decirse «aquí me planto» de una cuchillada. El pobre José Enrique empezó con mal pie, de entierro. Y a los pocos días dio cristiana sepultura a Gregoria sin más peros que el estricto respeto a las formalidades judiciales y forenses. Con mosén Antonio la cosa hubiera sido menos sencilla, pues lo de matarse uno así, a escondidas, como un animal, no nos lo hubiera perdonado sin rigurosas penitencias y sermones a la hora de permitir que llevaran a la muerta a un cementerio cristiano. Aun a sabiendas que si en Valcorza había algún cristiano, católico, apostólico y romano, esa había sido Gregoria Samper. De estricto cumplimiento con todos los deberes de la Iglesia. Pero para mosén Antonio las normas eran las normas. Aunque ya no importaba, porque mosén Antonio ya no era el cura del pueblo. Se lo habían llevado a una residencia a la capital, porque no tenía a nadie que lo cuidara. Ni tampoco quiso nadie en Valcorza ocuparse de aquel bendito cabrón.

José Enrique paró delante de La Rambla y preguntó por la iglesia. Al principio lo confundieron con el representante de las bolsas de patatas fritas. Pero al ver que no entendía de qué le estaban hablando, Cosme le explicó que al llegar al cruce torciera a la izquierda, y allí mismo se daría de morros con la iglesia, no sin antes advertirle que la iglesia estaba cerrada porque el cura se había jubilado y el nuevo estaba por llegar. Dando las gracias, José Enrique siguió su camino pedorreando con el dos caballos carretera alante. Menuda cara se les puso a todos cuando vieron al representante de las patatas fritas subirse al altar para echarles una bendición.

La primera de las muchas y grandes novedades que acaecieron con la llegada de José Enrique fue la duración de la misa. Se la ventiló en un plis-plas. Con sermón y todo. En poco menos de media hora estábamos todos con una banderilla de escabeche y vermú de grifo en lo de Cosme, tan campantes. El primer día pilló a Cosme por sorpresa, con la barra sin preparar. Al terminar la misa, José Enrique dijo cómo se llamaba, que estaba encantado de estar en el pueblo y que tuviéramos paciencia con los errores que sin duda iba a cometer. Y había cometido el primero sin saberlo, abreviando las bendiciones. Y al final añadió:

—Podéis ir al bar.

A lo que todos respondimos con la inercia de los años:

—Demos gracias al Señor.

Pero en realidad nos mandó a todos en paz, aunque con cajas destempladas. Su segundo error, en menos de dos horas, fue presentarse en mangas de camisa en La Rambla, así, tal cual. Con un jersey por encima de los hombros. Y pedir un botellín de cerveza que vació a morro en un par de tragos. Se hizo un silencio expectante mientras recuperaba el aliento y el pescuezo su posición vertical.

—Ponle otro botellín al mosén —dijo Serafín Modrego.

Y la conversación siguió como si nada, como si las misas en Valcorza hubieran durado veinte minutos desde la noche de los tiempos. José Enrique se tomó su segunda cerveza y empezó a memorizar los nombres de los que había de enterrar. Uno a uno. Sin excepción. También el de Cosme, que de momento estaba muy contento sirviendo vermús con sifón y haciendo caja.

Todos, desde luego, no estaban igual de contentos con las misas al volapié de José Enrique, que además prescindían de campanilla y monaguillo. La primera insatisfecha tuvo que ser la mismísima Gregoria Samper después de muerta, que se fue al otro barrio con unos funerales esmirriados, casi sin tiempo para dejar al pueblo quebrarse el alma y curar el espanto de su muerte deseada. Durante los primeros meses hubo conspiraciones con el propósito de derrocar al párroco. Porque aquello ni era párroco ni nada. Y hasta llegó a circular un borrador de carta dirigida al obispo expresando la preocupación de las autoridades, que no hacían sino transmitir con escrupuloso rigor la de feligreses y gentes de bien de Valcorza. La sangre, en cualquier caso, no llegó al río, y para las fiestas de la Virgen volvió a cruzarse, medio seco, con la peana en volandas sobre nuestros hombros, un año más, con las renovadas bendiciones de José Enrique, que sacudió el hisopo con un saleroso juego de muñeca y aires de maraca. A don Julián, el alcalde, no le hizo ni maldita la gracia, pero tragó, sin pestañear, chorreando tinta bajo un sol de justicia, impropio para aquella época del año. Pronto le iba a dar igual porque la democracia estaba al caer y con la democracia Agustín el Sargalero, que llegaría a alcalde sin dejar de ser tonto del culo. Se juntó para las elecciones con Serafín Modrego, Miguel Zalaya el Tres Patas con su inseparable Sebastián el de los Colchoneros y Arsenio el Vinagres. Reunidos en asamblea, se decidió que el Sargalero encabezara la lista, seguido de Eladio Casasús y su mujer, la de Agustín, por hacer bulto.

—Si cambian las tornas y han de fusilar a alguien —se habían dicho Serafo y el Vinagres—, que fusilen al Sargalero, que además de pobre es gilipollas.

Don Julián, aquellas elecciones, se llevó un chasco. Era alcalde de Valcorza desde que cumplió los treinta, cargo que había heredado de su padre, y que los Calderetas se habían ganado a pulso y por méritos propios gracias a los muchos rojos que habían llevado hasta las tapias del cementerio arrastras aullando como perros para limpiar Valcorza de aquella peste. En el pueblo solo quedamos los sometidos al yugo, los hijos de mandrias y arrodillados. Los mansos. Porque a los otros, o se los comieron los buitres en el terraplén de la vuelta del barranco del Choto o salieron por piernas camino de Francia, donde también terminaron comidos por los buitres, llevándose consigo la dignidad y los sueños. Valcorza hoy es un pueblo de vencidos con calefacción y todoterreno. De satisfechos. De felices. Ya nadie se ahoga en el pozo del Molino. Se bañan en las playas de Cancún. O en la piscina. Don Julián pensó que se moriría haciendo y deshaciendo a su antojo, porque en su imaginación no cabía otra razón de más peso que la de sus cojones. Y casi lo consigue. Tenía fama de gustarle sacar la mano a pasear cuando se le contradecía. A mí una vez me dio un bofetón porque le pedí la hora y lo traté de tú sin pensar.

—¿De quién eres hijo? —me preguntó.

Y yo me tragué las lágrimas y le respondí que de Andrés el Zanguango. Y dijo:

—Ya —con cara de aguantarse las ganas de repetir—. Ya me parecía a mí.

Amenazó a los abuelos de Valcorza con quitarles la pensión y paseíllo a quienes se atrevieran a votar a aquellos muertos de hambre rojos de mierda. Pero ni por esas. También le cerraron el casino, a donde solo acudían Damián el Tomato con su gorra de alguacil y otros camisas viejas, que la fueron palmando poco a poco hasta que no quedó ninguno. Y él, que entraba y salía por donde le daba la gana porque el pueblo era suyo, nunca se atrevió a cruzar la puerta de La Rambla. Llevó siempre puesto un bigotito fino como cagaditas de mosca y una camisa blanca impoluta, porque tuvo peones que se partieron los riñones recogiéndole los dineros que le crecían en los campos. A sus dos hijos nadie les recogió nada y tuvieron que ponerse a trabajar. La hija de maestra. El pequeño se quedó en el pueblo labrando las tierras y también ha llegado a alcalde, como su padre. Y esta vez no le hizo falta fusilar a nadie. No. Le bastó con presentarse a las elecciones cuando el Sargalero se había hecho tan rico robando que ya no recordaba ni su nombre.

Yo pensé que el cielo de los muertos tenía que ser del color de la camisa de don Julián. Blanco. Deslumbrante. Y en un lugar excepcional, como el coro de la iglesia, a donde siempre se retiraba para escuchar misa en pie, apoyando el culo en las misericordias, con don Arturo el médico, el sargento Castiñeiras y Damián el Tomato, que junto al sargento de la Guardia Civil se le ponía cara de general, y media docena más que le bailaban el agua, entre los que se encontraba Aurelio el sacristán, que era un blando. Pero no. En el cielo de los muertos no se ve nada porque reina la negrura absoluta. Aurelio nos dijo un día en la torre, tocando a muerto por su amigo el Piteras, que don Julián guardaba en el cajón de la mesilla un pistolón grande que le había servido para rematar comunistas. De alcalde y rico por tener dos machos y el primer tractor del pueblo pasó a sentarse en los últimos puestos de la fila. Como en la escuela. Marchó a vivir a la capital, viudo, a casa de la hija, la maestra. Don Julián dejó de ser alcalde a regañadientes. Y también se murió a regañadientes. Rabiando. Y como Dios es bueno y lo perdona todo, pues a él también le ha perdonado el bofetón que me arreó y por ahí anda, en camisa blanca, jodiendo por los tiempos de los tiempos.

21.

—Los objetos del mundo material son incognoscibles en esencia; desde el punto de vista de la razón, sirven tan solo como materia pura a partir de la cual se nutren las sensaciones —afirmó Eladio Casasús mirando el juego de Constantino el Piteras por encima del hombro, porque iban de vueltas y si le subía el rey de bastos cantaban las cuarenta y ya se iban.

—Arrastro —interrumpió Serafín Modrego.

Constantino el Piteras robó un seis de bastos sin inmutarse y arrastró con el bastillo cerrando el abanico de cartas sobre la mano izquierda. Eladio Casasús siguió tranquilamente:

—Los objetos, en sí mismos, no tienen existencia, y el espacio y el tiempo pertenecen a la realidad solo como parte de la mente, como intuiciones con las que las percepciones son medidas y valoradas. Mira —añadió dirigiéndose a Serafín Modrego que se frotaba el ojo porque le había entrado el humo de la faria—, ¿ves este carajillo? Pues ahora me lo bebo de un trago y se acabó. Ya no está.

A Eladio Casasús le gustaba poner ejemplos sencillos, tomados de la realidad inmediata, así, a bote pronto, que cualquiera pudiera entender con facilidad, como con el carajillo. Serafo se limitó a recoger las cartas de la mesa.

—Y el tres —corroboró el Piteras con un golpe tremendo sobre el tapete.

—Tu tampoco estarás —apostilló Miguel Zalaya, que por entonces seguía vivo y ni le pasaba por la imaginación que su amigo del alma, Sebastián el de los Colchoneros, le pegaría dos tiros— cuando se te hayan comido la lengua los gusanos y tengas que dejar de hablar.

En ese momento Serafo se giró en la silla y soltó de repente:

—Florencio, te voy a escachar la cabeza.

Hacía ya muchos años que Eladio Casasús había decidido hacerse filósofo. Tras la educación primaria interno en los padres escolapios, donde coincidió un curso por delante con Arsenio el Vinagres, nuestro peluquero, hubo un conato de seguir con los estudios de bachillerato pero volvió al pueblo. Dicen que el profesor de Geografía lo castigó sin fin de semana por olvidar uno de los afluentes del Miño y, en contra de todos los pronósticos, le soltó un bofetón. Eladio Casasús al padre escolapio, quiero decir. Allí terminó su currículum intelectual y, tras el internado, volvió a Valcorza. No pudo ser. Pero Eladio Casasús no era de los que se dejaban abatir fácilmente por las dificultades. Siguió estudiando por su cuenta. Un día alguien le dio la *Crítica de la razón pura*, que regalaban con el periódico del domingo, y decidió que desde aquel momento e irremediablemente su vocación de filósofo habría de perpetuarse. Y nunca más se separó del libro de Immanuel Kant, que llevaba a todas partes en el bolsillo de la americana.

Tal era la familiaridad que en ocasiones se permitía llamar al autor por el nombre de pila. Manuel por aquí, Manuel por allá. Y borracho se tomaba confianzas extraordinarias y se refería al maestro como Manolo Kant. Aunque lo habitual era un estricto respeto de las formas y, a pesar de las dificultadas, pronunciaba nombre y apellido con todas sus letras, Immanuel Kant, un poco avergonzado de sus excesos.

Eladio Casasús iba siempre uniformado de negro. Se le había antojado que los filósofos tenían que ir vestidos de negro. O al menos de oscuro. Y algo de razón llevaba, pues por la tele los intelectuales elegantes salían con traje de luto y poniendo cara de saberlo todo y más y de callarse otro tanto. Eladio dejaba transcurrir unos segundos antes de contestar a una pregunta, como sabía que hacían sus colegas, dejando la mirada perdida, concentrándose antes de responder, para evitar decir alguna tontería.

—Pues no, pienso que todavía no ha llegado el coche de línea.

Un jueves se agenció un traje de pana azabache en el tenderete de un gitano que le hizo un barato y le regaló una camisa también zaína, en tafetán, le dijo, con chorreras, muy elegante, que Eladio se ponía para debatir en el teleclub. La única nota discordante era un sombrero de ala ancha, marrón, que le trajo una de sus hermanas del mercado de las Pulgas de París, y que compró durante el viaje de bodas, y que además de ser marrón le venía un poco pequeño. A Eladio no le importaba. Ni que fuese marrón ni que le fuera pequeño, porque consideraba que lo de llevar sombrero daba mucha categoría y despertaba expectación. Nunca se puso corbata.

—La corbata es cosa de tratantes de ganado —decía.

En las fiestas llamaba la atención. Así, vestido de negro, parecía una estrella de cine, como listo para subirse al escenario con los músicos y cantarnos a todos las cuatro verdades. Y lo habría hecho con gusto, desde luego, si le hubieran dejado. Eladio necesitaba de bien poco para arrancarse con un discurso sobre cualquier asunto. Era temible, porque sabías cuándo empezaba, pero nunca el momento en el que iba a terminar. No había tema que se le pusiera por delante sin dar una opinión razonada. Siempre al revés de los otros. Hoy podía estar en contra de lo que mañana defendería apasionadamente. Por eso nadie se atrevía a llevarle la contraria, a excepción de Agustín el Sargalero, que le iba a la zaga y demostraba disponer igualmente de notables dotes oratorias. Tampoco nadie le ponía pegas para que se explicara, porque, dijera lo que dijera Eladio Casasús, daba gusto oírle hablar. En sus horas bajas cualquiera estaba atento para echarle un capote y preguntar.

—¿Y tú qué opinas, Eladio?

Y entonces despertaba de su soñera, pedía un carajillo de anís, permanecía unos instantes pensativo, te miraba fijo a los ojos, como desnudándote el alma, aunque Eladio no viera nada de nada porque era miope como un topo, se rascaba la barba, y ajustándose el sombrero raquítico de ala ancha del mercado de la Pulgas, se arrancaba a capela, sin acompañamiento de ningún tipo, argumentando que los actos de cualquier clase han de ser emprendidos desde un sentido del deber que dicte la razón, y que ningún acto realizado por conveniencia o solo por obediencia a la ley o costumbre puede considerarse como moral.

—Y con la sota cincuenta y dos —añadió el Piteras matando en la baza.

Eladio Casasús contaba con un repertorio de palabras y expresiones que maneja con solvencia y las iba intercalando aquí y allá como quien no quiere la cosa, subrayando la incuestionable verdad de sus afirmaciones. Nada más empezar la última partida del coto, sentenció:

—Serafo, hoy vas a perder por imperativo categórico. Y entonces Serafín Modrego cargó el tres de espadas a la baza del Tres Patas.

—¡Ahí tus huevos! —añadió Timoteo, que aún hablaba y tenía la cabeza entera y en su sitio.

—Hoy te voy a escachar la sesera, Casasús —apostilló el Serafo retirando la baza del tapete en el mismo tono que si cantara un veinte.

—Cosme, tráenos otra ronda de carajillos de anís para estimular nuestra epistemología individual, haz el favor —vociferó Eladio Casasús haciéndose el orejas.

Con Agustín el Sargalero, de entendederas despejadas y que llegó a hacer carrera en la política, habían fundado una tertulia en el teleclub. Todos los jueves, a las siete de la tarde. Antes de que los contertulios estuvieran borrachos. A veces José Enrique nos echaba filminas, que servían de excusa para iniciar el debate. O nos ponían una casete y hacíamos discofórum. Eladio acudía puntual en tanto que estrella invitada. Al principio se intentaba respetar el turno de palabra, que pronto quedaba reducido a los monólogos de Eladio, casi siempre sobre ciencia y fe, porque Eladio Casasús se definía como filósofo creyente. A los cinco minutos la discusión empezaba a salpimentarse con apostillas insultantes entre el Sargalero, ateo y del Atlético, y Casasús, filósofo creyente y del Fútbol Club Barcelona. Cuando el futuro alcalde escuchaba dolido que los objetos, en sí mismos, carecían de existencia, y el espacio y el tiempo pertenecían al mundo real solo como parte de la mente, se rebelaba bufando «catedrático de los cojones», a lo que el filósofo contestaba sin despeinarse con un «hijo de Satanás» o «contubernio» o un todavía peor «sarraceno», que era lo que más acaloraba al Sargalero que le dijeran. Importaba poco el asunto a debatir, porque los desplantes eran siempre los mismos. Vencidos por el imperativo hipotético, algunos se levantaban y echaban una partida al *pingpong*, otros iban a beber la última a La Rambla, antes de ir a follar alguna puta al Reina de Corazones.

Eladio no solo entendía de filosofía. Con en el tiempo y unos fascículos de historia que dejó don Ernesto el maestro en el teleclub y unas revistas de crucigramas se hizo un especialista en arte conceptual. Y en toros. Si bien nunca llegó a pisar una plaza. Las únicas corridas que vio fueron por la tele.

—Ese toro está inválido —sentenciaba cada vez que asomaba el morlaco por la puerta de toriles.

Al rato rectificaba. Si es que había que rectificar. Y pocas veces erraba el juicio. Eladio Casasús casi nunca se equivocaba. Y tampoco se tenía a menos por rectificar. En contadas ocasiones. Alguna razón inextricable debía de haber entre el arte conceptual y los fascículos de don Ernesto, ilustrados con monos peludos que cargaban con un mamporro al hombro, o soldados romanos, vestidos igualito que Serafín Modrego y el Piteras cuando salían de procesión la noche de Viernes Santo. El caso es que se tiró una temporada sin parar de hablar de arte conceptual, y a todos se nos venía a la mente de inmediato una imagen de monos y romanos juntos.

Cuando lo nombraron concejal de cultura en Valcorza, en una reunión previa en La Rambla se descolgó con una propuesta audaz que nadie se atrevió a discutirle. Estaba empeñado en construir un auditorio, con gradas y escenario y bambalinas y de todo, para que la rondalla diera conciertos en fiestas y los días señalados. Cuando le preguntaron con qué dinero pensaba construirlo respondió, sin dudarlo un minuto, que con el dinero que se obtendría de la venta de las viñas de Julián el Calderetas, una vez expropiadas, porque con lo mucho que tenía un campo de más o de menos nada cambiaría su condición de hijo de puta redomado. Y además, no entendía por qué le preguntaban eso. La cultura no tiene precio. El auditorio se hace por cojones y ya está. Es la única ocasión que se conoce en la que perdió los papeles, traicionando así su reputación bien merecida de hombre razonable. Aunque razón no le faltaba, desde luego, porque Julián el Calderetas era un hijo de puta de mucho cuidado.

El día que enterramos al Piteras nos echó un discurso muy bien compuesto, brillante, antes de la bendición. Sus palabras retumbaban en la iglesia como las de un sermón. Aprovechó la ocasión para decir voz en grito que por única creencia tenía la razón pura y santa, y que por esa razón, precisamente, la carne podrida de los muertos habría de resucitar, tarde o temprano, tirando a tarde, puntualizó, en forma de Piteras, y sereno. Aquel día estuvo circunspecto, rememorando al muerto, departiendo sobre la epistemología individual del Piteras, compungido y serio. Escuchamos hasta el final en un silencio impresionante. A excepción de Ambrosio el Renacido, que no paraba de reírse para dentro tapándose las narices, hablando solo. Fue muy aplaudido.

22.

Los primeros en cerrar fueron los del Casino. Cuando se dieron cuenta de que el negocio ya no daba para vivir solo con las manzanillas con anís de don Julián el alcalde. Entonces abrieron sus puertas a todo Valcorza, cuando todo el pueblo hacía tiempo que se jugaba el café al guiñote en La Rambla. Mientras Julián el Calderetas todavía era don Julián, el Casino permitía la entrada a los no socios en ocasiones señaladas: para las fiestas de la Virgen, los cumpleaños del alcalde y el día de Corpus Christi. Era muy fácil distinguir quienes eran los socios porque todos llevaban camisa blanca y sus apellidos coincidían con algunos de la lista que estaba pegada en la fachada de la iglesia, con las flechas. Cuando Sebastián el de los Colchoneros volvió al pueblo después de cumplir condena por la muerte de su íntimo, el Tres Patas, lo único que se encontró fue la silueta del plastón de la lápida sobre la piedra y manchurrones de yeso.

En el Casino olía muy diferente que en La Rambla. Allí se perfumaban con tierra fresca, *after shave* y humo de faria. En La Rambla dominaba un olor agrio a gallinazo y a cabra, picadura de liar y sudor rancio. El Casino tenía los techos altísimos y se subía por unas escaleras hasta la segunda planta, con grandes ventanas y vistas a la plaza. Tenía en la puerta un ojo de buey por el que se podía mirar lo que pasaba dentro sin entrar. El Casino estaba en el chaflán de la calle que une la plaza con la iglesia. Cosme había abierto La Rambla junto a la carretera, para dar servicio a los viajeros del coche de línea que iban o volvían de Valroya camino de la capital. El suelo del Casino era de madera y el mostrador de zinc. Con una nevera. Eran los únicos que para fiestas servían las Mirindas frías de verdad. El de La Rambla era de terrazo y la única ventana que tenían hacía las veces de oficina para la venta de billetes y sacar el botijo de agua fresca para los conductores del coche correo. Y para guardar las cartas que traía y llevaba Manolo el Bodollo. Las mesas en el Casino eran de mármol y hierro forjado. Las de La Rambla de formica y hacían mucho ruido cuando Serafín Modrego cantaba las cuarenta.

En el Casino recibían el periódico. Y, además, lo leían. Con el periódico, servían el café en taza con terrones de azúcar y sorbos de tiempo para ojear los titulares. En La Rambla el café y los carajillos se tomaban en vaso de duralex, sujetando la cucharilla entre el índice y el anular. Pero Cosme compró para La Rambla la primera tele del pueblo. En el Casino no hubo nunca. Al final pusieron una. Cuando ya no había remedio y todos teníamos una en nuestras casas. En el Casino no cantaban jamás. Ni las cuarenta ni nada. Ni en fiestas. En La Rambla se escuchaban las vozarradas de Miguel Zalaya el Tres Patas, que ponía mucho fuelle y carne de gallina, hasta que lo mató de un tiro su amigo Sebastián el de los Colchoneros y no cantó más. Con el vibrato se le hinchaban las venas de la cabeza, primero. Y después toda la cabeza, entera. De emoción y de sangre. El cuñado del Serafo, Juan el Francés, también cantaba. O hacía como que cantaba. Los sábados por la noche, cuando La Rambla no podía más de coñá y carajillos de anís, le pedían a Juan una canción y cantaba, anegados los ojos de legaña y sentimiento:

Nadie me ama, nadie me quiere,
nadie me llama, nadie me es fiel.
Triste es mi vida, sin un cariño,
lloro en silencio, mi desventura.

Voy por el mundo cruel de fracaso en fracaso,
llamo a la puerta del cielo que nunca traspaso,
vencido y cansado, de tanto sufrir,
yo ruego a Dios que se apiade de mí.

Cuando enterramos a Constantino el Piteras, a don Julián le faltaba poco para dejar de ser alcalde y jopar a casa de su hija la maestra. El cierre del Casino era inminente. Ya no hacía falta ser socio para beber ni para dejar de ir. ¿Pero a quién podía apetecerle tomar café en semejante velatorio? Con los cuatro viejos y sus manzanillas con anís no sacaban ni para gastos. Y dieron el cerrojazo.

23.

Nada más ver la película decidimos llevar el pelo largo como Jesucristo y comprarnos unos pantalones de pata de elefante a juego. Y hasta hubiéramos permitido que nos clavaran en una cruz por según qué cosas. Lo segundo aprender a cantar las canciones de Bob Dylan en inglés sin tener ni puta idea de inglés. Y doy fe desde el evo inconmensurable que dábamos el pego. Porque lo que contaba era la emoción y el convencimiento. Y emoción y convencimiento poníamos mucho. Lo tercero, y último, aprender a fumar chocolate sin renunciar al melocotón con vino. Con un porrito *Knockin' on Heaven's Door* sonaba a la perfección. Y ahora que entiendo la letra, porque los muertos conocemos todas las lenguas, por descontado, igual que los ángeles, tiene su miga y todo, aunque entonces lo ignoráramos. El caballo vino más tarde, y solo para los que tenían dinero porque lo tenían o porque se lo ganaban trabajando. El caballo dio con Ernesto el Tocateja en la cárcel, primero, y en el reino de los cielos después, que se mató ese mismo año con la moto estampándose contra el letrero de río Altán.

Cuando cantábamos en La Rambla el sargento Castiñeiras se nos quedaba mirando apoyado en la barra con sus dos revueltos, uno para él y otro para su tricornio. Era la broma que siempre le gastaba a Cosme, hasta que Cosme se la aprendió y antes de que dijera nada se le adelantaba con la misma pregunta, durante años, hasta que jubilaron al sargento. Cosme siguió contando la gracia hasta que se murió.

—¿Dos revueltos, sargento Castiñeiras?

—Uno para mi tricornio y otro para mí.

Ahora ya podíamos cantar. Porque hacía dos fiestas don Julián el alcalde había prohibido cantar en los bares. Y en la vía pública por descontado. Luego vinieron las primeras elecciones y lo echaron a tomar por el culo. Y es que llegó a sus oídos que Serafín Modrego había cantado una copla en La Rambla en la que se mentaba la autoridad que tenían los atributos femeninos de la señora alcaldesa, lo cual disgustó al señor alcalde y prohibió cantar en todo el pueblo, por sus cojones. Y nadie supo la razón, porque don Julián estaba viudo, y aseguraban algunos que maricón de los finos también. Decían que se depilaba las piernas. El caso es que más de una vez la cuadrilla del Serafo terminó con tragos y en el cuartelillo, por arrancarse a deshora y en cualquier sitio con cantes y bullanga.

El mismo año que salió elegido alcalde el Sargalero, reunida la comisión de fiestas, decidieron informar al cuartelillo de la Guardia Civil que para comer vaca había que cotizar como cualquiera de los vecinos del pueblo. Hasta entonces el sargento Castiñeiras y sus subordinados recibían un perolón de vaca guisada por la jeta, que ni se molestaban en venir a buscar. Se la llevaba al mismo cuartelillo Juan el Francés, encantado, con la boca abierta, babeándoles de gusto encima del guiso. En cuanto el sargento Castiñeiras lo veía llegar salía a su encuentro para quitarle de las manos la perola y despedirlo con cajas destempladas. Serafín y los otros observaban de lejos partidos de risa, después de haber salpimentado el guiso a discreción con mocos y escupitinas.

Lo dicho. Ese año la comisión de fiestas decidió que se había terminado. Para comer vaca había que pagar la cuota. Y como nadie se atrevía a informar a las autoridades, mandaron a Eladio Casasús que, con mucha calma entró en el patio del cuartel y antes de que abriese la boca, Castiñeiras lo interrumpió diciendo que conocía el motivo de su visita.

—Pues nada, Castiñeiras, ya lo sabes. Y otra cosa. Para entrar al baile, si no estáis de servicio y con uniforme, haced el favor de pagar la entrada, que todos los del pueblo tenemos que contribuir a sufragar los gastos de las fiestas —sentenció Eladio muy jurisprudente, soltándole la frase que se había aprendido de memoria y patinando un poco en lo de sufragar, palabro que encontró muy aparente para la ocasión.

Entretanto nosotros seguíamos celebrando misas en las que José Enrique consagraba pan del horno y vino de la cooperativa. Las confesiones eran comunitarias, y cada cual contaba sus miserias delante de todos sin el menor pudor esperando la absolución y el perdón de Dios y de los que estábamos allí para certificarlo.

La primera vez que besé a Julita, bueno, la primera vez que besé a una mujer, porque cuando me atreví a besar a Julita en la peña durante las fiestas a las cuatro de la mañana era ya una mujer, sonaba *Knockin' on Heaven's Door*. Aprendí su sabor. Porque olerla la había olido muchas veces mientras bailábamos agarrados. En la plaza bajo las guirnaldas y las bombillas, o en la peña a oscuras. Aquella primera vez la boca de Julita sabía a Palote y a Mirinda. A las dos horas de darnos besos su boca sabía ya a mujer. Y así estuvimos, dándonos besos hasta que se hizo de día y cada cual se fue a dormir a su casa. Me acosté borracho de besos. Y todavía me dura. Para cutio. Pues aquellos besos de Julita fueron lo más lejos que alcancé en mi experiencia de vivo con una mujer. No hubo más. Y no porque no quisiéramos. Sino porque no supimos qué hacer con tanto amor. Aparte de que el Tocateja estaba en el sillón de al lado dándose el lote con la hija de Damián el alguacil.

Ahora me lo guardo. Y de vez en cuando me lo cuento para entretener tanta soledad en mitad del negro infinito. Sueño con sus labios dulces de Palote. Y yo sé que Julita, en los suyos de mujer casada con hijos, también se acuerda de mis besos con lengua. Pero no sabe, ni le importa, que el título de aquella canción era *Knockin' on Heaven's Door* y quien la cantaba con voz gangosa Bob Dylan. Habíamos dejado el tocadiscos en replay. Y he perdido la cuenta de las veces que la aguja dio la vuelta entera al LP para empezar su viaje de nuevo con un chirrido hasta que se acoplaba al surco y arrancaba la música.

Bob Dylan no fue el único que acompañó nuestras madrugadas encendidas. Al finalizar el baile en la plaza, acudíamos a la peña para seguir abrazándonos sumergidos en el olor a vinazo, cigarrillos, humedad y ramas de sabina, que colgaban entre los maderos, perfumando hasta hoy mismo mi memoria. Y el sudor de Julita y de las otras. El sudor de las mujeres es distinto. Se les salen las ganas de lamerlas. Las mujeres no sudan porque tengan calor. Sudan para que las deseemos igual que fieras. Y feroces bailábamos arrimados, dando vueltas, fuera del tiempo, felices, al ritmo de Pink Floyd. De Pink Floyd nos gustaba bailar hasta los ruidos. Y a cada canción había cambio de pareja. Y para volver con Julita tenía que esperar turno. Y yo me ponía de acuerdo con el Tocateja para que pinchara *Time*, que duraba mucho y el despertador de los Pink Floyd se estremecía dando la señal para los abrazos y las mejillas derritiéndose durante los próximos siete minutos. Que parecían no acabar nunca. Derritiéndose. Como la mismísima eternidad. Como los Flags en sus bolsitas de plástico nada más salir al sol implacable de la eternidad. Una eternidad sin moscas ni farolillos ni orquesta Sensación ni Julita ni nada.

24.

En Valcorza, cuando alguien dice que te va a matar, te va a matar. No preguntes por qué. Ya sabes por qué. Y más te vale ir rezando unos padres nuestros. O cualquier otra cosa. Si acaso sabes. Y si no prepárate a bienmorir del mejor modo posible. Si eres un hombre. Y si no, tanto peor, porque has de morir igualmente. Aullando. Como un perro. En el camino del Hoyo había una higuera. No puede decirse que con los mejores higos del pueblo porque era la única en muchos kilómetros a la redonda, si exceptuamos la del puente, que se comía Juan el Francés y nadie más. Aunque los higos eran buenos de verdad. Dulces y negros en el mes de junio, como el coño de Julita la del Comprebién. Solo que Julita tenía el coño negro y dulce todo el año. Al menos eso juraban los que decían haberlo catado. Y no es que fueran muchos, pero de fiar, porque Julita no era puta, aunque un tanto ligera de cascos. Y digo que había porque Miguel el Tres Patas la redujo a un montón de tocones perfumados y hojas secas justo antes de las fiestas mayores a finales de agosto, para que todo el pueblo supiera que la higuera era suya. Y de nadie más.

Todo empezó porque en La Rambla su vecino Sebastián, el de los Colchoneros, lindando sus campos en las planas del monte alto, se empeñó en recordarle que se había desayunado media docena de higos esa misma mañana. Y la mañana anterior.

—He dejado el tractor en marcha y casi sin bajarme me he comido unos higos dulces como el arrope.

El caso es que ni a Miguel Zalaya ni a nadie hubiera tenido que importarle nada que Sebastián o toda la rodeada se desayunaran con la higuera del camino del Hoyo, porque el suelo terminaba tapizado con una alfombra de frutos maduros picoteados por las cardelinas y envueltos en avispas. El caso es que a muchos les hacía gracia recordarle al Tres Patas lo dulces que estaban a sabiendas de que le corrompía los cojones que hasta las mismas cabras se comieran sus higos. Así que aquella misma tarde, después de matar con triunfo y arrastrar en la última baza, contar despacio y añadir con las diez últimas cincuenta y tres, que es otra forma de decir os toca pagar los cafés, anunció bien alto, para que todos pudieran oírle, que se habían acabado los desayunos en el camino del Hoyo. Que quien quisiera higos que se comiera el de su puta madre.

Así quedó la cosa. De momento. En los pueblos nada ocurre en balde. Y la memoria tiene otra dimensión y otro alcance al que se le atribuye en la ciudad. La memoria en los pueblos no sirve para recordar, sino para que no se olviden las cosas. Pasan los años, y el momento llega en que hay que rendir cuentas por esto o por aquello.

—Ya irá el garbanzo a la cuchara —masculló Sebastián apurando su copa de sol y sombra.

La respuesta del Colchonero no se hizo esperar. Y es que a Sebastián le molestó mucho que su vecino lo dejara sin desayuno por cuatro mierdas de higos que terminaban pudriéndose en mitad del camino y se le quedaban pegados a las ruedas del tractor.

Miguel y Sebastián tenían algo más en común que la linde de sus campos. A sus padres respectivos les habían dado el paseíllo por rojos y, lo que es peor, casi al final de la guerra, aunque la verdadera guerra nada tenía que ver con vencedores ni vencidos, ni con la República ni con Falange, sino con el huerto de un camisa vieja que se inundó siendo el padre de Sebastián concejal y se construyó el azud que hoy riega la margen izquierda de la vega. A Julio, padre de Miguel, yo creo que lo mataron por casualidad. Por ignorante. Porque estaba donde no tenía que estar. Ninguno de los dos había olvidado. Si para algo había servido la democracia era para estar seguros de que nada había caído en el olvido. Tanto uno como otro votando y defendiendo a las izquierdas, como lo habían hecho sus fusilados padres y sus abuelos.

De todas las cosas que se pueden compartir, la muerte es el pan que mejor se reparte, el hambre que más une. Sebastián y Miguel, Miguel y Sebastián, inseparables. Amigos del alma. Unidos por el odio que se les fue pudriendo dentro del corazón y mamaron del pecho de sus madres. Sentados en el mismo pupitre. Recibiendo los mismos bofetones de don Ernesto, al compás del mismo sonsonete recitando los pecados capitales al dictado de mosén Antonio durante la catequesis el año de su primera comunión. Habían ahorcado perros juntos. Habían escarbado en las basuras de Valcorza en busca de tubos estrujados de aluminio e hilos de cobre, y robado chatarra para venderla y comprar cigarrillos americanos que fumaban durante las fiestas para impresionar a las chicas del pueblo y auparse con arrogancia a la altura de las veraneantes. Amigos hasta para comerse los mocos que les colgaban de las narices como pulpos y se les resecaban al sol como costras de pupas. Miserables. Lo hicieron juntos casi todo, excepto formar pareja para jugarse los cafés al guiñote, no por nada, sino porque a Sebastián el de los Colchoneros le venía justo para saber contar y para hacer el ridículo siempre hay tiempo.

Hasta que llegaron los invernaderos y de los campos más yermos, los más duros de labrar, con más piedras, crecieron tomates bajo un mar de plásticos. Embadurnaron las matas de pesticidas hasta envenenarlas y engordaron los tomates a paletadas de pienso, como a cerdos, rojos, redondos, perfectos, por toneladas, que tiraban para sostener el precio y ni las cabras podían comérselos porque caían enfermas. Vendieron el burro a unos gitanos y lo cambiaron por un Land Rover a estrenar. Juntos, fueron libres por primera vez, y juntos acudieron a depositar el voto que era suyo y de nadie más, sin que el maestro, el cura o la Guardia Civil tuvieran que explicarles por qué. Y compraron un móvil. Se mudaron con camisas de marca. Calzoncillos limpios. Y compraron las putas más caras. Que follaron juntos también, entre risas babosas, con la mugre de pobres todavía pegada a las uñas de los pies, con rosetones de sudor en los sobacos y un fajo de billetes en el bolsillo, furos.

Pero los higos pudieron más que la amistad y la sangre de sus padres respectivos regando el corro de cepas que todavía hoy crecen junto a las tapias del cementerio. Antes de que terminara el verano el vecino Sebastián pasó el recibo de la memoria a Miguel cuando enrunó con el aladro el pozo que daba de beber a las ovejas que pastaban en los montes yermos al final de la hoya. Los ternascos de la carnicería del Tres Patas los sacaba a pastar Florencio y acudían a beber al único pozo en toda la parte alta del monte, propiedad de Sebastián. También en La Rambla, Sebastián anunció que ya no había pozo, para que todos en el bar, incluido su amigo el Tres Patas, supieran que el dueño del pozo era él y que en el agua de aquel pozo nunca más abrevarían ovejas ni caballerías ni madre que los parió. Pasó con el tractor por encima y redujo el pozo a un montón de piedras y tierra polvorienta. Otra cosa más con que soplar en el calivo encendido del rencor, que es algo así como cuando se pudre la memoria y ya ni huele ni nada, reducida a un frangollo de recuerdos secos y renegridos.

La respuesta del Tres Patas no se hizo esperar

—Me cago en Dios, Miguel —le dijo Sebastián en la misma puerta de su casa—, que estás labrando el camino.

—El paso a tu campo da la vuelta por detrás de los almendros. Estoy labrando mi campo, que lo sepas —interrumpió Miguel Zalaya, que lo estaba esperando y había pasado la noche en vela preparando la respuesta.

El asunto del camino también traía cola. Diferencia que los abuelos resolvieron plantando un melocotonero que se había secado, y desaparecido. Y ambos creían saber dónde. Cada vez que Sebastián pasaba con el cultivador el camino se estrechaba hasta quedar reducido a un sendero por el que no se pasaba sin circular por encima del campo recién labrado.

—Cuando entres a tu campo das la vuelta por donde te corresponde —concluyó Miguel saliendo a la calle repartiendo gritos y juramentos.

—Desde que tengo uso de razón he cruzado por ese camino y seguiré pasando por mis cojones.

—Espera un momento que voy a casa por la escopeta. A ver los cojones que tienes.

Sebastián dio media vuelta y enfiló hacia su casa. Miguel el Tres Patas avisó a sus vecinos, que se habían asomado al escuchar la disputa, advirtiéndoles de que fueran testigos de que lo iban a matar, mientras daba explicaciones en favor de su decisión de labrar lo que Sebastián consideraba camino y en realidad era su campo, de toda la vida.

Allí seguía, en mitad de la calle, esperándolo, cuando Sebastián torció la esquina con la escopeta en la mano.

—Por ese camino pasó mi padre y tú no lo vas a labrar —dijo.

Y entonces le descerrajó un tiro en mitad del pecho. Miguel el Tres Patas quedó tendido en el suelo, en mitad de un charco de sangre, con un boquete tremendo por los cartuchos de posta utilizados para el jabalí y los ojos abiertos. Pasmado. Terco. Incrédulo. Se le había soltado una de las alpargatas. La de la pierna mala, porque le había crecido el pie con un número menos. Y el agujero, al momento, lo tenía lleno de moscas. Y de vecinos mirándoselo. Y de niños dando lametazos a un cucurucho y señalando con el dedo. Y de mujeres gritando. Y el sargento Castiñeiras de la Guardia Civil pidiendo paso y llamando al orden.

25.

Entretanto ponía todo mi empeño en hacer coincidir el alza con la mira de la escopeta de perdigones apuntando bien al palillo que sostenía el cigarro de rubio americano sujeto por la boquilla. Tres perdigones, tres oportunidades. Fumarse uno de aquellos Marlboro significaba destreza masculina en el manejo de las armas y puntos anotados en la escala que conducía a los brazos de Julita. En ocasiones el perdigón dejaba el cigarrillo suspendido de un hilo con una gran mordida incapaz de hacerlo caer a la red de tela, como si el amor se quedase colgando también de un disparo insuficiente. Otras, ninguno de los tres disparos daba en el blanco. El objetivo no era fumar el Marlboro, porque podíamos comprarlos sueltos en el Comprebién de la madre de Julita, sino demostrar una puntería negligente y certera de machote. También había puritos con una boquilla blanca de plástico envueltos en papel celofán y llaveros enganchados también a un palillo, pero las oportunidades se reducían a un único tiro por el mismo precio. Los niños podían disparar a los botellines de licor con otras escopetas de aire comprimido que lanzaban corchos a las botellitas de Soberano. Había que estirar mucho el brazo para que el impacto tuviera fuerza suficiente e hiciera caer el premio por detrás de la tabla. El dueño de la barraca se enfadaba mucho si nos acercábamos más de la cuenta. Conseguir una de aquellas miniaturas de vermú o de whisky era una fiesta que celebrábamos con petardos y bombetas. Y beberlas, un reto.

Para el verano, y particularmente durante las fiestas, venían al pueblo muchos forasteros y veraneantes. Hijos de emigrantes que habían marchado a la capital, como el Adolfo, o incluso más lejos, como Serafín Modrego y su cuñado, Juan el Francés, y volvían al pueblo para que todos viésemos lo bien que les había ido y lo limpias que tenían las manos y los zapatos. Unos pelanas que las primeras veces consiguieron engañarnos porque llegaban al pueblo en un Simca en lugar de en el coche de línea. Pero enseguida nos dimos cuenta de que seguían siendo lo que siempre fueron y jamás de los jamases conseguirían dejar de ser: unos muertos de hambre que se comían los mocos y tenían las orejas llenas de sabañones, por mucho móvil y mucho Land Rover que pasearan por las discotecas. Cuando echamos a Julián el Calderetas de alcalde y pusimos al Sargalero, los pantalones de pata de elefante y el pelo largo ya no se llevaban. Nos dimos cuenta porque al año siguiente los horteras de la capital se lo habían cortado y, además de porros, fumaban chinos y ya no cantaban en inglés, y mucho menos canciones de Bob Dylan. Lo hacían en español, pero no como los Lone Star o Triana, sino en plan pijo. Ahora tocaban igualito que Fórmula V y Tony Ronald pero con patillas largas y camisas de flores, como si Curro Jiménez se hubiera vuelto maricón. Y hasta Julián el Calderetas, don Julián, decían que se depilaba las piernas y le gustaban los hombres. Y a nadie le importaba. Y a nadie le importaba ya tampoco si tenía o dejaba de tener un pistolón para matar comunistas. Porque los comunistas, además, eran unos plastas y unos aburridos de cojones. El Sargalero organizó un viaje a Barcelona con dineros del consistorio para todos aquellos que quisieran ver cómo el actor ese americano, el guaperas ese que sale en camiseta blanca de tirantes y las vuelve locas, el Marlon Brando, y mira tú por dónde también Serafín Modrego se ponía camiseta de tirantes pero tenía que pagar por el amor, pues eso, que los que quisieran ver al Marlon Brando dar por el culo a una tía en París se apuntaran en la lista que estaba en el salón del Ayuntamiento, hacía saber por orden del señor alcalde Damián el Tomato en mitad de la plaza haciendo sonar su trompetilla de alguacil. Y lo berreó por todo el pueblo, para que luego no dijeran que el nuevo alcalde se andaba con distinciones.

A media noche soltaban el toro de fuego. Un armatoste de madera que iba escupiendo petardos y cohetes sembrando el pánico y quemando las medias negras de las viudas. Solía sacarlo Florencio, cubierto por un saco para no socarrarse la mollera, pero a veces se empeñaba Constantino el Piteras cuando más borracho estaba. Y además de borracho, el Piteras era muy rebordenco. Llegó a meterse al patio de alguna casa con el armatoste en llamas armando una zapatiesta que a punto estuvo de convertirse en desgracia. Otra noche tropezó o sencillamente el vino lo tumbó en mitad de la plaza porque ya no se tenía en pie prendiéndose fuego con el toro tripa arriba. Al Piteras le ardió todo el pelo. Se quedó sin cejas y sin pestañas y olió casi todo el mes a chamusquina.

—Hueles a longaniza a la brasa, Piteras —le decía indefectiblemente Arsenio el Vinagres cada vez que se lo encontraba.

Florencio lo sacó muchos años, hasta que las piernas no lo sostuvieron más y se murió. Pero eso fue mucho después de que el Sargalero aboliera el toro de fuego y decidiera traer vaquillas a Valcorza. En el pueblo no había tradición de recortadores, y los únicos cuernos que se conocían eran los que la señora Mercedes le puso a su difunto marido con uno de Valroya. Quiero decir que cuando la señora Mercedes se lio con el electricista de Valroya su marido llevaba mucho tiempo muerto, pero la señora Mercedes era muy mirada y lo del amor eterno que había jurado en la iglesia a su marido y al Comprebién se lo tomaba muy en serio y cada vez que acudía a confesarse todo Valcorza estaba al corriente que el electricista de Valroya y la señora Mercedes se habían echado un polvo. Porque en los pueblos se sabe todo. Y en caso de duda bastaba con acudir a lo de Arsenio por un corte de pelo para que te pusiera al día.

El primer año que soltaron una vaquilla Serafín Modrego se echó a la plaza, que habían formado con remolques, como el escenario para la orquesta Sensación, y borracho como una cuba se puso a cuatro patas y embistió con furia a la vaquilla que respondió a la amenaza con un golpetazo tremebundo que lo dejó inconsciente y casi nos lo mata.

Con Florencio daba gusto correr delante del toro, porque asustaba mucho sin poner en peligro la integridad de nadie. La única licencia que se permitía era pillarnos desprevenidos adelantando la hora, o irrumpiendo por otra calle que no fuese la del Ayuntamiento. A media noche se apagaban las luces y aparecía una gran rueda de fuego dando vueltas y los cohetes borrachos disparados sin control, como locos, en todas las direcciones quemando cuanto se les ponía por delante. Al final quedaba en el aire un olor a pólvora y a fiesta y nos dejaba con la ilusión suspendida de salir a la carrera la noche siguiente, el año próximo, y así otro y otro, sin saber que aquellas fiestas con toro de fuego tenían que acabar. Del todo. Sobre todo para mí.

Esa madrugada Constantino el Piteras debía sentirse particularmente inspirado o especialmente borracho, por lo mucho que nos encorrió, y con peores intenciones. Lo cierto es que el Piteras nos tenía ganas porque no perdíamos ocasión de regalarle las mayores calamidades. La noche anterior se había quedado dormido en el portal de Eladio Casasús, comatoso de tanto vino y tanto cuba libre, y le sacamos la polla y le atamos los huevos con un cordel al picaporte de Eladio Casasús. Unos golpetazos tremendos a las tantas de la mañana interrumpieron el sueño de la filosofía y cuando Eladio tiró de la puerta de muy mal temple levantó al Piteras de los huevos por los aires y casi lo capa como a un cerdo. Su viaje de vuelta al mundo de los vivos fue sin escalas. De sopetón.

26.

Lo primero que hicieron las enfermeras con Florencio fue limpiarlo sin contemplaciones. Y en el fregado casi se les muere. Temblaba como una campanilla. Y los ojos se le salían de las órbitas. No entendía que para arreglarlo tuvieran que refrotarle todo el cuerpo. Y de verse desnudo delante de unas mujeres, cuando los únicos ojos que habían visto su cuerpo decían bé y tenían cuernos, que lo zarandeaban como un trapo, la verdad, no le parecía decente. Aguantó el tirón y se quedó esperando. Estuvo esperando semanas, o eso le pareció, aunque en realidad la espera duró una tarde y una noche, hasta que el practicante vino para decirle que tranquilo, que esta vez no se iba a morir.

Así, desinfectado, parecía otro. Y hasta le habían afeitado la barba. Era la segunda vez que se lavaba de cuerpo entero. Porque la cara y las manos sí que las tenía de otro color. La primera vez que lo lavaron de arriba abajo fue para la primera comunión. Su madre, la Sagrario, hizo llamarlo un domingo. Solo Sagrario sabía y le importaba que fuera domingo. Porque Florencio entendía solo de estaciones y de lunas. Conocía, eso sí, todos los días de la semana. Pero ignoraba lo que significaban y para qué servían. De niño sí lo sabía, pero se le había olvidado. Desde que su madre lo había puesto a servir de pastor en las lomas de los Calderetas. En una paridera que les arrendaba Miguel Zalaya el Tres Patas, por el estiércol y algún ternasco de cuando en cuando.

—Desnúdate —le dijo.

Y obedeciendo dejó la alforja en el suelo y se quitó la ropa.

—Los calzoncillos también —ordenó la Sagrario.

Y con un esparto y jabón, que había hecho hervir cociendo restos de aceite de freír, tocino y sosa cáustica, lo refrotó dentro de un balde con agua hirviendo hasta quitarle toda la roña y los bichos que le habían anidado en los corvejones y en las ingles. Florencio olía como el cuerpo blanco del cochino escaldado el día de San Martín. A limpio y a meadas, todo revuelto. Seco y en mangas de camisa, la Sagrario lo llevó a la iglesia, lo acompañó a la primera fila y le dijo:

—Cuando pasen los otros te acercas tú también y te comes la hostia.

Y así lo hizo. Se puso de rodillas y mosén Antonio se le quedó mirando. Le dio la comunión sin rechistar y yo sujeté la patena por debajo de la barbilla para que no se le cayeran las babazas al suelo. Florencio era ya un hombre cuando recibió la primera comunión, a instancias del cura que amenazó a su madre si no se lo traía. Y cumplió porque Florencio estaba allí, hincado de rodillas y recibiendo el cuerpo de Cristo para salvarse.

Al terminar la misa, de vuelta a casa, su madre le preparó un tazón de chocolate con torta. Esperó de pie a que se lo terminara y nada más acabar le dijo:

—Hala, ya puedes jopar, que se te va a hacer tarde.

Dejó la camisa, cargó el morral y echó a andar carretera arriba porque se le echaba la noche encima y las ovejas estaban sin aviar, todo el día encerradas. De todo esto se estaba acordando cuando las enfermeras le daban friegas en las piernas con agua de colonia.

Y es que Florencio había llegado a las urgencias del hospital con la polla llena de gusanos. Don Arturo el médico ni se molestó en quitarse la chaqueta. Nada más ver que las larvas de la moscarda le habían comido hasta hacerle un socavón, llamó una ambulancia a Valroya y lo empaquetó directo a la capital.

—¡Dios mío, Florencio, dónde la has metido! —fue lo único que acertó a exclamar.

Antes de decir esta boca es mía Florencio quiso enseñarnos el cipote. Y no porque ya lo tuviera limpio, que también, sino porque le habían metido un tubo de goma por la punta del capullo y seguía vivo. Para su asombro. Estaba solo en una habitación. Sin nadie que le hiciera compañía. Pero eso a Florencio ni le importaba ni cayó en la cuenta porque la única conversación que tenía desde hacía años era consigo mismo. Y en silencio. Casi se le hacía raro oírse la voz. Bajamos del pueblo a verlo y, rodeando su cama, se quitó las sábanas para enseñarnos todo el empandullo como cuando los niños enseñan una pupa o un chichón, acercándote la cabeza, así, para que toques y veas el daño que les hace. Florencio abrazó su enfermedad igual que había llegado a la vida. Con desconcierto primero, y luego entrega incondicional. Y se curó pronto y volvió al monte con sus ovejas. Bien cuidado, sin hacer nada, a cuerpo de rey y comiendo de todo, a los cuatro días estaba que no se le conocía. Para Florencio fueron unas vacaciones. Las únicas que conoció. Lo de las vacaciones se lo decíamos nosotros, porque no entendía eso de estar sin hacer nada. Se tiró las tres semanas en el hospital quieto en la habitación. Sin salir. Y no por falta de ganas. No. Es que no se atrevía. Nos explicó que una vez se le ocurrió asomarse por ver cómo era aquello y no supo volver. Y se tiró un buen rato en mitad de un pasillo, en camisón, hasta que lo echaron en falta y vinieron a buscarlo.

Con el alta le dieron sábanas, manta, el almohadón y el pijama en una bolsa de basura. Que se lo regalaban todo, le habían dicho.

—Me han mandado para casa curado y con muda limpia —nos dijo en La Rambla.

Nada más entrar en la paridera la echó en falta. Que se la habían llevado. Y que no volvería nunca. Se puso tan triste que casi se muere. Esta vez de verdad. No lloró tanto ni el día que enterraron a su madre. Soltó y se quedó mirando a los animales salir a empellones y esparcirse por el monte como una mancha de aceite. Y notó cómo las lágrimas se le venían en tromba a la garganta ahogándole los ojos. Nadie nunca le había explicado el qué ni cómo era el amor. Primero quiso a Serafín Modrego, hasta que lo amenazó de muerte y se lo quitó de la cabeza. Luego se refugió en una querencia animal y recóndita. Jamás nadie le había explicado nada. Ni a quién ni cómo tenía que querer. Pero él sabía. Y no necesitaba explicaciones. Sonaban las esquilas tristes. El cielo estaba limpio. Azul. Y solo. Las lomas del Calderetas ya amarilleaban por algunos corros. Se hizo viejo. Y se murió del mismo modo que vivió siempre. Con paciencia y sin esperar nada a cambio. Cuando ya no pudo andar más por el monte se quedó en el pueblo y quisieron llevarlo a una residencia, en balde, porque escapaba de los viejos como se huye de la soledad, con desesperación. Volvió a casa de su madre, que ahora era su casa. Hasta que un día no acudió más al café porque se había muerto. Florencio tomaba café, pero nunca jugó a las cartas. Porque le parecía un vicio. Tampoco se le vio borracho jamás. Su tumba está junto a la de Timoteo el Modorro. Sin foto. Sin cruz. Sin nombre casi.

27.

La verdad sea dicha, al Sargalero no le fue mal. Aprovechó las rebajas del Corte Inglés para comprarse un traje azul marino. Se dejó crecer la barba, aprendió a fruncir el entrecejo poniendo cara de mucha preocupación, como si aquello de lo que le estaban hablando tuviese para él un interés prioritario, cuando al Sargalero lo único que le importó en toda su puta vida fue envenenar los campos y cobrar cuantas más subvenciones mejor. Una de las primeras decisiones fue nombrar concejal de cultura a Eladio Casasús, empeñado en construir un auditorio municipal para que tocara la rondalla. Cuando ya no supo qué prometer a los vecinos de Valcorza, marchó a la capital y alcanzó un puesto importante en el gobierno. Se hizo construir la casa más grande del pueblo en las eras de Timoteo el Modorro, junto a las escuelas viejas, que nunca llegó a ocupar. Para venir a visitar su nueva casa fue al concesionario y le dijo que le enseñara el coche más grande de la tienda. Y se lo compró con un fajo de billetes que llevaba en el bolsillo sujetos con una goma. Agustín el Sargalero no está enterrado en Valcorza. Se murió muy bien atendido en la habitación de una clínica de pago, para él solo. Se le había corrompido la sangre. Tampoco en la agonía nadie quiso molestarlo. Aquella muerte fue para él y nadie más. El día que expiró, su mujer estuvo toda la mañana de compras y tenía una jaqueca que para qué te voy contar. Con tan mala fortuna que se quedó en casa tomando té y aspirinas, viuda y con millones para aburrirse. Entretanto, José Enrique, que había pedido en su primera homilía que no lo llamásemos mosén sino José Enrique, a palo seco, seguía su revolución.

Al tiempo llegó el segundo asalto, mucho peor que las misas con carrerilla. En los bajos de la casa parroquial fundó un teleclub para los jóvenes del pueblo, y tal y como indicaba el cartel sobre la puerta de entrada, aquello era un club para ver la tele, que hizo instalar en una de las salas frente a unos bancos derrengados de la iglesia. Lo del teleclub despertó las iras de Cosme porque ya no teníamos que ir a ver el Virginiano a La Rambla. Y dejamos de comer bocadillos de anchoa con Locomotoro y Valentina. Y al final, la sopa de Curro Jiménez la asaltábamos en casa a golpe de cuchara gracias a la Telefunken que le tocó a mi madre en un sorteo de la Caja de Ahorros. Además de la tele, José Enrique compró una mesa de *ping-pong* y un tocadiscos y discos de Nino Bravo. Los viernes por la tarde había discofórum. Ponía una canción y repartía la letra en ciclostil. Después hablábamos de la canción y de todo lo que nos apetecía. De los pájaros y de las jaulas. Del mar, aunque ninguno de nosotros había estado jamás en el mar pero sabíamos perfectamente el aspecto que tenía. Al cabo de unos años Chanquete ratificó todas nuestras sospechas en *Verano azul*. Nosotros también teníamos en el pueblo veraneantes, pero sin mar.

Adolfo, que dijo amar a Julita la del Comprebién, por decir algo, y nos explicó cómo eran sus tetas, de verdad, se casó al final con Isa, la amiga forastera de Julita y prima de Felisón el Calderetas, y se marchó a vivir a la capital, donde encontró trabajo de albañil y luego se montó un almacén de materiales y, por amistad con Agustín el Sargalero, se lió a hacer pisos de protección oficial y casi no para, hasta que ya no supo qué hacer con el dinero y se murió de rico perdido.

En Valcorza no teníamos mar, pero sí mucho sol, a paletadas. Soñábamos con ir a las fiestas de Valroya en coche. Y con la libertad. La primera vez que oímos hablar así de la libertad fue en el teleclub, con la canción de Nino Bravo, que José Enrique repetía a cachos levantando el brazo del tocadiscos con el dedo hasta que lo rayó y cambiamos de canción. Con el paso de los años aquella libertad con música sirvió para vender teléfonos. Ya ves.

Don Julián lo invitó una vez a comer. Y nunca más. Dio aviso a la Guardia Civil para que no le quitaran ojo de encima. Y hasta los hizo entrar una vez en la casa parroquial porque se había encerrado con los jóvenes y ponía música moderna a todo volumen.

—Organiza fiestas con chicos y chicas —le había dicho don Julián al sargento Castiñeiras—, y esto no se puede consentir.

Además de fiestas, José Enrique tocaba la guitarra y se puso a dar clases de música. Organizó una rondalla y suprimió las novenas. Prepararon un repertorio para las fiestas de la Virgen y en sus misas se oyeron canciones modernas que cantábamos rascando las cuerdas. Juan el Francés también tocaba con su guitarra sin dientes. Y Juan estaba empeñado en hacer la segunda voz, pero José Enrique lo convenció de que no, que mejor aportara sus conocimientos técnicos en el instrumento y nada más. Juan, para quien la guitarra no tenía secretos, se acomodaba vuelto hacia nosotros para darnos la entrada, que conseguía con una mueca desencajada cuando ya íbamos por el estribillo. Pero eso a nadie le importaba. Y a Juan todavía menos. Siendo ya alcalde el Sargalero, vino el obispo a darnos la confirmación y nos desgañitamos interpretando una canción de *Jesucristo Superstar*, que contó con los parabienes del prelado y casi nos aplauden en mitad de la eucaristía. El obispo quedó conmovido. Yo me daba cuenta de que se le transfiguraba la cara cada vez que me deshacía la garganta como Judas aullando el nombre de Cristo nuestro Señor. Fue impresionante. Nos dio palmaditas y pellizcos en el moflete muy sonriente, con una manaza llena de sortijones.

—Muy bien, Camilo Sesto —me dijo el obispo.

Pero yo sabía que la desesperada invocación de Judas que había cantado antes de la comunión la interpretaba en el tocadiscos Teddy Bautista, gilipollas, pensé. Y a José Enrique también le dio un pellizco en la cara. Pero sin sonreírle. Aquel año, el año de la película, José Enrique nos había llevado a los que quisimos en autobús hasta la capital para verla en el cine de un colegio mayor de curas amigos suyos. Durante una buena temporada todos queríamos ser Jesucristo, y Julita nuestra María Magdalena.

La gota que hizo desbordar el vaso de la concordia fue el empeño de José Enrique en ponerse a trabajar por las mañanas en la fábrica de boinas de Valroya. Que el cura organizara fiestas en su casa, que tomara vermú en La Rambla, que llevase pantalones vaqueros y tocara la guitarra, vale. Pero que quisiera trabajar en el taller de confección no tenía ni pies ni cabeza. A dónde íbamos a parar. Ni siquiera al Sargalero, que empezaba a ejercer de oposición, le pareció bien.

—Mira José Enrique —le dijo en La Rambla enarbolando una banderilla de boquerones— es como si yo me pusiera a echar bendiciones y dar la extrema unción a los moribundos del pueblo. Lo mío es dar por el culo a quien se lo merece. Y todos sabemos quién se lo merece. Y a ti te ha tocado repartir hostias.

28.

El señor Decker vivía en una cueva que había servido de almacén de municiones durante la Guerra Civil. En el barranco del Choto. Nos tenían prohibido acercarnos por allí, pero nosotros íbamos de todos modos. Al principio para tirarle piedras. Luego, cuando hubo más confianza, nos dejaba curiosear por dentro y por fuera sin comernos para la merienda. Y hasta nos hicimos amigos del señor Decker. Cuando ya nos cansaba bañarnos en el pozo del Molino, y robar ciruelas y melocotones, y hacía tiempo que habíamos dejado de espiar a las chicas desnudas desde el cañar de la canal vieja porque ya las besábamos y les tocábamos las tetas y nos podía el aburrimiento, Adolfo o Ernesto el Tocateja o cualquiera proponía:

—¿Vamos a la cueva del loco?

Y al momento estábamos en lo alto del terraplén tirándole chinas, primero. Luego pedruscos que echábamos rodando cuesta abajo. Ambrosio el Renacido nos miraba y repetía los gestos multiplicados. Y como veía que nos hacía gracia, las piedras que tiraba cada vez eran más grandes. Hasta hacer rodar media montaña cuesta abajo. Llena de risas y de babas. La providencia evitó lo que podía haberse convertido en una desgracia.

El señor Decker llevaba siempre sandalias, el pelo largo sujeto atrás con una coleta y una camiseta del Barça. Canoso. Y barba. Había colocado a la entrada de su cueva tiras de banderitas de colores, como en las fiestas del pueblo. Y la verdad es que en la cueva del loco siempre estábamos de fiesta. Regaba sus plantas de marihuana y nos invitaba a porros y nosotros a vino tinto. El señor

Decker meditaba mucho. Sentado en el suelo sobre una alfombra, delante de su cueva, cuando ya no le tirábamos piedras. Dentro de la cueva se alumbraba con hachones y olía siempre a muerto, como el día de la procesión de Viernes Santo, porque quemaba barritas de incienso que le traían amigos suyos de Barcelona cuando iban de visita.

Había tallado unos asientos en la piedra, dentro de la cueva. Y sobre un tocón de pino había colocado el tablero de una mesa camilla, pero sin faldas. Alrededor de la mesa nos juntábamos a tomar té y fumar porros. Y a merendar. Y aunque el señor Decker solo comía zanahorias y sopa de miso estaba bien gordo. Parece mentira. Tampoco le hacía ascos a una vuelta de longaniza y un palmo de magra en el pan. Estaba orondo y también morenísimo, porque se pasaba todo el tiempo en pelotas tomando el sol. Tenía un radiocasete a pilas, donde escuchábamos música india, pero no de los indios que habíamos conocido en las películas del oeste en el cine Bonanza. Otros.

Se empeñaba siempre en sonreír y ser feliz, aunque, la verdad, no veíamos alrededor suyo ninguna razón para tanta felicidad. En invierno se jodía de frío y en verano no podía salir de la cueva porque se freía al sol de Valcorza. Delante de su cueva solo crecían las retamas y los romeros. Y todo lo que hacía lo hacía despacio, aunque no hubiera fumado, estirando el tiempo y dejando grandes silencios que interrumpía de repente con un haiku. Porque el señor Decker, sobre todo cuando fumaba porros, componía haikus. Idioteces que no venían a cuento. Por mucho que se quedara pensativo y en silencio como si le estuviera dando vueltas a la cabeza con algo importante, parecido al Sargalero cuando ya se había hecho rico y lo entrevistaban pidiéndole opinión y soluciones. Hasta que se arrancaba con alguna paparruchada sobre las piedras, el camino, el viento, o el ruido de los lagartos para sonreír de nuevo poniendo cara de bondad. Como de querernos mucho a todos. Como de querer a todo el mundo un rato largo. Aunque no los conociera de nada. Las fiestas en la cueva del señor Decker se parecían mucho a los discofórum en el teleclub con José Enrique, pero sin cura. Solo con porros y musiquita y los haikus del señor Decker. O peor aún. A la catequesis de mosén Antonio el año de mi primera comunión hablando del amor. Pero así, a palo seco. Sin Dios ni nada. Mucho amor. Y de los lagartos. Y del viento. Que cuando sopla en Valcorza es para volverse loco.

Ante la cueva del señor Decker se extendía el paisaje pelado de los montes de Valcorza, intensamente verde en primavera, por los brotes del cereal, que enseguida amarilleaba, y marrón la mayor parte del año con las tierras del valle roturadas, con el Altán surcándolo por su mitad. Para proteger la entrada de la cueva se había construido una puerta, que no servía para nada porque allí podía entrar cualquiera. Cuando venían a verlo sus amigos de Barcelona se ponían a rezar más que de costumbre. A rezar o lo que fuera. Y a componer haikus. Y a follar. Porque venían mujeres con pelos en las piernas que se daban el pico con uno distinto cada vez. Pero el señor Decker se las follaba a todas. Parecía aplicar al sexo la consigna de D'Artagnan en la película de *Los tres mosqueteros*: todas para uno y uno para todas. Y sin parar de sonreír. Porque en realidad se las follaba por hacerles un favor. De buen rollo. Repartiendo amor a paletadas. Sin llevar la cuenta.

En el plato de leche se ahoga la mosca.
La larva sestea en el bandullo abierto del carnero.
Amarilla, una retama bebe de la piedra y de la noche.

—Para que te jodas —añadía hablando solo, satisfecho del resultado.

Todos sus haikus estaban anotados en un cuaderno de los de espiral con alambre y cuadrícula, a lápiz, que guardaba en un pequeño armario que colgaba de la pared en una segunda habitación que hacía las veces de cocina y dormitorio, con las velas y las barritas de incienso. Y en la cabecera un póster de Johan Cruyff. Nos dimos cuenta que se había muerto porque la planta de marihuana estaba seca y pudriéndose, igual que el señor Decker en su cueva. Nos quedamos fuera porque apestaba y avisamos al sargento Castiñeiras, que de inmediato se hizo cargo y puso al corriente a las autoridades competentes. Se llevaron al señor Decker en una caja de muertos que puso el Ayuntamiento.

—En mi pueblo no se muere nadie por su cuenta y riesgo —sentenció Agustín el Sargalero, queriendo decir que todos los vecinos de Valcorza serían atendidos como Dios manda hasta la muerte mientras él fuera alcalde.

El sargento Castiñeiras hizo una pila a la entrada de la cueva con todo lo que fue encontrando hasta dejarla vacía: el camastro, una edición de bolsillo de la *Crítica de la razón pura* y otra de *Hojas de hierba* sin tapas y unas alpargatas, fascículos de historia y revistas de sopas de letras, Johan Cruyff y el cuaderno de los haikus, que ardió en pocos minutos con todo lo demás. El pestuzo de una caja de barritas de incienso llegó hasta el mismísimo Valtán. Y se le hizo una misa con responso y bendiciones. A la hora de las jaculatorias José Enrique dudó si mentar al señor Decker o a Eladio Casasús con la intención de elogiar al difunto. Pero esto es otra historia que contaré más adelante. Dirigió la mirada al Sargalero, que como alcalde se había sentado en la primera fila, y solo acertó a encogerse de hombros. Tampoco supo con qué nombre enterrarlo, si con el de ahora o con el de antes. El señor Decker vino muy pocas veces al pueblo desde que decidió anudarse el pelo en una coleta y dejar de llamarse Eladio Casasús para emprender una nueva vida en la cueva del barranco del Choto. Se le vio comprar alguna lata de sardinas en el Comprebién. Pero muy de vez en cuando.

29.

—Traes buena cara —dijo Cosme a Serafín Modrego nada más acodarse al mostrador.

—Y los pies secos —contestó mirando de reojo a Florencio el pastor, que se tomaba un cortado atento a la partida.

Entonces el Serafo hizo un gesto como queriendo decir: este no se quiere enterar.

Pero sí que se enteraba, sí. Y no decía nada. Para qué. Del amor solo saben los que saben. Y nadie más. Y Florencio continuó dando sorbos a su cortado como si nada, atento a la partida porque iban de vueltas y perdían el coto.

El asunto de las botas de agua traía cola. Se enteró Serafín Modrego el día que lo fue a buscar al hospital. Y es que no guardaba rencor al maricón de Florencio por haberse enamorado de él y, además, pregonarlo a los cuatro vientos.

—Mira como tengo el cipote —nos dijo destapándose, cuando fuimos a verlo la primera vez.

Pero allí no se veía nada, salvo un rebullo de trapos y un tubo que salía lleno de sangre, y el Florencio, tumbado boca arriba, en aquella cama tan limpia, con cara de decir «me ha llegado la hora». Y allí se quedó, muriéndose. Hasta que Serafín Modrego fue a buscarlo a las tres semanas con el Land Rover y Florencio le pidió como favor si podía pasar un momento a Drogas San Román a comprar unas botas de agua.

—¿Para qué quieres unas botas de aguas en pleno mes de julio, Florencio?

—Para qué va a ser, para el agua —contestó.

—¿El agua? ¿Qué agua? Si en Valcorza no llueve nunca.

Y se quedó sin contestar. Sentado en el coche. Esperando a que el Serafo lo llevara a Drogas San Román a por sus botas de agua.

—Te llevo si me dices para qué las quieres —le puso como condición Serafín Modrego. Porque a pesado e hijo de puta no le ganaba nadie.

—Arranca, pues —le dijo.

Y medio llorando Florencio pidió al dependiente que le trajera unas botas de agua.

—Joder con el Florencio, qué ocurrencias. Pues no está mal pensado, no —se repetía en voz alta por la carretera de Valroya.

Ni por asomo hizo falta pedir a Damián que echara un bando para que todo Valcorza se enterara esa misma tarde cómo hacía Florencio para trincarse a las ovejas y que se estuviesen quietas. Desde entonces, a la noche, después de tomar café, Manolo el Bodollo dejaba caer a Serafín Modrego la contraseña. Y todos en La Rambla estaban en el ajo.

—Cuida no se te mojen los pies, Serafo. Ponte las botas de agua.

Para que las ovejas no salieran corriendo mientras las follaba, Florencio se ponía las botas de agua y les metía las patas de atrás dentro. Y ya no podían escapar. Y de este modo sofocaba su bilis compartiendo entre animales la soledad y el monte.

Otra de las frases crípticas del pueblo tenía que ver con la gabardina. Solo los de Valcorza entendían que se hablara de gabardina y botas de agua en un lugar donde nunca llovía. Y de verdad que en Valcorza no llovía nunca. Aquello que parecía lluvia al caer de vez en cuando era un desplante de Dios porque le dábamos pena y no quería dejarnos morir de sed. Y de hambre. Y echaba un puñado de gotas sobre los trigos, hasta el año siguiente.

Florencio llevaba siempre puesta una gabardina con unos bolsillos sin fondo, en inverno y en verano. Cuando le asaltaban los deseos de querer, metía los cuartos traseros por los bolsillos de la gabardina y ahí quedaban los dos, Florencio con la gabardina puesta y la cabra balando y con las patas de atrás medio en el aire envainadas en los bolsillos.

—Manolo —replicaba a su vez Serafín Modrego— échate la gabardina no se ponga a llover por el camino.

Contraseñas que fueron repitiéndose en La Rambla durante años, hasta que fueron muriéndose todos, y también Manolo el Bodollo y Serafín Modrego y Florencio el pastor y con ellos la razón de aquellas advertencias. Y aunque siguieron despidiéndose con las mismas palabras, babeando anís, en el *pub* de Felisón, cuando de La Rambla solo quedaba un letrero desportillado, nadie podía ya explicar su significado ni sabían que al hablar de gabardinas y botas de agua estuvieran conjurando aquellas desesperadas palabras de amor.

30.

Valcorza se había llenado de negros. Y de moros. Otra vez, dijo Serafín Modrego. Y añadió que bastante se había roto él los riñones segando las cebadas de Julián el Calderetas con un botijo y dos sardinas rancias. De sol a sol. Y después seis campañas recogiendo remolacha en Francia. En l'Oise. Con el idiota de su cuñado. El Juan. Que desde que volvió de Francia se empeñaba en hablar en francés. Sí. Un francés perfecto. Pero por los cojones. Que ya. Que ahora trabajen los negros y los moros. Que les tocaba a ellos.

Al principio no quiso darles trabajo, pero enseguida se dio cuenta de que no le quedaba otro remedio porque nadie, excepto aquellos negros y moros, estaban dispuestos a recoger las peras, y los racimos de uvas, y los tomates de Valcorza. Todos los nombres de la comarca empiezan o terminan por «al», empezando por el río, el Altán, hasta Agustín el Sargalero, que de tan idiota se había vuelto rico y poderoso. Volvían, por lo tanto, en busca de lo que se habían dejado olvidado por el camino y era suyo. Las primeras veces los amontonaron en las peores casas de Valcorza, en las que ya no quería vivir nadie. En cocheras. Con una bombilla colgando del techo. Con un grifo, en el mejor de los casos.

—En Francia —decía Serafín Modrego sin dejar de mirar las cartas, con la faria colgando de la comisura de los labios, cerrando un ojo—, nos metían en una cuadra durante meses, con los italianos, hasta que el patrón nos mandaba para casa con un fajo de billetes. Y agradecidos. Hasta el año siguiente. Los italianos —explicaba sujetando entonces la faria y las cartas con la mano izquierda, sentando cátedra— después de trabajar se arreglaban y salían de paseo como un pincel. Yo me quedaba por excusar, para casarme con Paulina, tu hermana, y aguantarte a ti, esgarramantas —concluía volviéndose hacia Juan el Francés.

Pero ahora quien repartía los billetes y hacía las veces de patrón era Serafín Modrego, empeñado en que con seis moros tenía suficiente para recoger toda la uva, y a la semana se le echaban los días encima y hacía corto y se tenía que poner también él a cortar y cargar en el remolque los canastos. Se llevaba a su cuñado Juan el Francés para que le hiciera de liebre, tirar de la cuadrilla y marcar el ritmo del trabajo. Los primeros años quiso que trabajaran de sol a sol, como toda la vida, y la cena, porque es de justicia, que no soy un mal hombre, dijo. Después se negó a pagar un jornal por ocho horas, que eran muy malos trabajadores y les cundía muy poco, se empeñaba en repetir. Hasta que no le quedó más remedio que tragar. Con las ocho horas y el jornal completo, porque también les quería pagar menos que a Relancio el Sopas, que bajaba desde Valtán a echarle una mano y terminó casado con Julita la del Comprebién, al que conocía de toda la vida y le estaba haciendo un favor, como quien dice.

La verdad es que Relancio el Sopas y el mismo Serafín Modrego no eran tan negros como los negros, pero sí mucho más morenos que los moros. Se les distinguía por la gorra de Repsol y el mono azul, también de Repsol. Sin el uniforme no había forma de saber quién pertenecía al equipo local y quién al visitante. Serafín Modrego llamaba a todos los moros indistintamente Mustafá. Y a los negros Moreno, que era un apellido español. Con solera. Le daba igual que no hablasen en cristiano, a condición de que siguieran cortando uva sin levantar la cabeza. Para entenderse, Serafín Modrego hablaba como Daniel Boone en las películas de indios. Aunque enseguida, tanto moros como negros, hablaron castellano mejor que él.

—Serán jodidos que me entienden todo lo que les digo —rumiaba sorprendido tomándose un carajillo en La Rambla cuando ya casi nadie acudía por allí porque se habían muerto o llevaban camino de morirse, de muerte o de aburrimiento.

Y lo rumiaba solo en una esquina de la barra porque nadie atendía a sus explicaciones y parecía un borracho, aunque lo único que le ocurría es que se había puesto viejo y no se quería dar cuenta.

Cuando llegaron los primeros negros a Valcorza causaron sensación. Los únicos negros que habíamos visto salían en las películas de Tarzán, y se los comían los leones. Y en las bolsas de Conguitos, que también eran de comer. Y otro en *Misión imposible*. Y al Sargalero, que se pintaba con betún para hacer de Baltasar subido a un remolque repartiendo juguetes el día de Reyes. Pero aquellos negros eran una entelequia. Los de verdad hacían llorar a los niños y asustaban a Juan el Francés, que se les quedaba mirando sin decir nada, pues el único negro que conocía cantaba boleros y, sobre todo, no paraba de sonreír. Sonreía mucho. Y aquellos negros no se reían nunca.

Una vez en el *pub* de Felisón le preguntó a uno si se sabía *Nadie me ama*, y el pobre senegalés se le quedó mirando sin entender nada, todavía más asustado que él por la expresión de fiereza que dibujaban su cara y sobre todo los ojos de Juan el Francés. La misma fiereza que había reconocido en las otras caras de Valcorza, casi tan negras como la suya. A Juan el Francés no le importó que el señor negro no supiera la letra, y sonriendo con sus dientes de plástico como el otro negro de los boleros se arrancó a tocar la guitarra y a cantar. Y allí se quedó. Cantando «Triste es mi vida, sin un cariño. Lloro en silencio, mi desventura. Voy por el mundo cruel de fracaso en fracaso. Llamo a la puerta del cielo que nunca traspaso» como Nat King Cole y la boca llena de gargajos rascando su guitarra sin cuerdas porque el negro hacía rato que se había marchado sin que a Juan el Francés le preocupara lo más mínimo.

Pasados los años, los vecinos de Valcorza se fueron acostumbrando al color de aquellos señores y los niños ya no lloraban cuando se los cruzaban por la calle. Se limitaban a señalarlos con el dedo. Y cuando ya cogieron confianza, a tirarles piedras. Pero el Sargalero siguió embadurnándose de betún para hacer de Rey Mago porque los negros que venían al pueblo a cortar las uvas de

Serafín Modrego no se parecían en nada a Baltasar. Vamos, ni de coña.

31.

Para cuando el cultivador le escachó la cabeza a Timoteo el Modorro se llevaban las patillas como Curro Jiménez. Largas. Anchas. La patilla que le quedaba a Timoteo estaba así, hasta el lóbulo de la oreja y recia y llena de sangre. Mi padre también llevaba patillazas, hasta que Arsenio el Vinagres decidió que tenía que cortárselas por orden de mi madre. A mi madre le daban asco. Y además, quien decidía lo que estaba de moda y lo que no, era el Vinagres.

—Que pareces un quinqui, Andrés. Que tiene razón tu mujer.

Mi padre y el Vinagres estuvieron un rato discutiendo sobre el tamaño de las patillas, hasta que, tras mucho negociar, porque a mi padre le gustaban en su sitio, llegaron al acuerdo que ni para uno ni para otro:

—Hacia mitad del pabellón auditivo —dijo el Vinagres, que para eso había estudiado en los padres escolapios.

Y yo esperaba sentado en una silla mi turno, porque mi madre nos mandaba a los dos juntos a la peluquería, con instrucciones. Pero todos andaban equivocados. A quien mi padre quería parecerse era a Antonio Molina. Y como tenía muy buena voz, además de ser muy bailarín en fiestas, solicitadísimo en años de soltería, según contaba a mi madre para hacerla rabiar, imitaba sus gorgoritos a la perfección, con patillas y todo. A quien yo quería parecerme es a Tony Ronald, y cantar como Nino Bravo, pero aún me faltaba mucho pelo. Para las patillas y para dejarme melena.

En los discofórum ya llevábamos todos unas greñas que para qué. Y los que podían barba. Como Jesucristo. Y de la Rosa. Que también se llamaba Jesús. Nuestra ilusión era formar un conjunto. Decíamos un conjunto, hasta que el Tocateja se fue de viaje a Barcelona y de vuelta nos explicó que no se decía conjunto sino grupo. Un grupo de rock. Como Triana. De canción protesta. Nino Bravo se había muerto ya. Todos en Valcorza éramos libres como el ave que escapó de su prisión y puede al fin follar. Todo de boquilla, porque me volví espíritu y seguía casto como el ángel de la guarda.

Algunos, más mayores y más espabilados, decidieron cortarse el pelo y dejarse la barba, como el Sargalero. A los cuatro días lo del pelo largo y las sandalias de *hippy* se había pasado de moda, nos dijo Arsenio el Vinagres, que seguía ocupándose de la imagen de Valcorza. Jesús de la Rosa también se había muerto. Igual que Nino Bravo. En accidente de coche. Ahora lo que se lleva, nos explicó el Vinagres, que estaba muy puesto, es la patilla corta, como el pelo, y si me apuras ni patillas ni hostias, y por arriba un poco más largo.

—Un corte de pelo moderno, para que me entiendas. De niño bien.

Y el Vinagres tenía razón, porque cuando ya habíamos compuesto nuestro repertorio de canción protesta y estábamos listos para dar nuestro primer recital, los de Radio Futura y Golpes Bajos se habían cortado la patilla, habían cambiado las sandalias por los mocasines en punta, los porros por el caballo, y anunciaban, como el hombre del tiempo, tiempos pésimos para la lírica con una nube sobre Valcorza negra negrísima, como la infinitud de don Julián el Calderetas. Y, no contentos, el McNamara y el Almodóvar querían ser mamá. Y el Tocateja volvió a corregirnos. Que ya no se decía recital. Se dice concierto, leches. Concierto. Aquello de la música, como los zapatos, como las promesas del Sargalero, iba por temporadas. De un verano al otro había cambiado el estilo y tenías que renovar el calcero y las camisas estampadas y a nosotros no nos daba tiempo de recomponer el repertorio y protestar. Y además, de qué cojones vais a protestar, nos dijo el Sargalero en el *pub* de Felisón, que era el único que aguantaba el tipo, precisamente, y seguía con su barba y su traje azul marino, de rebajas, cortando el bacalao. Preocupándose sin talento. Y de traje. Que entonces se los compraba ya de marca. De rebajas, no. De marca, de marca. Su mujer se los compraba. Que era lista un rato largo. Porque Valcorza y su alcalde pedían paso y llamaban a las puertas de Europa. Con muda limpia, el Sargalero, hecho un pincel. Y en Europa se almuerza todos los días, copón, insistía. Y tres veces. Y nadie tiene que marcharse al extranjero para echar de comer a la familia porque el extranjero está aquí, a ver si nos enteramos. Porque los únicos que pasan hambre son los negros de África. Sí. Los negritos. Todos los negritos tienen hambre (y frío). Pero esto no lo decía el Sargalero, lo cantaban por la tele los de Glutamato Yeyé.

32.

Al tiempo de cerrar La Rambla, el señor Decker se fue a vivir a la cueva. Dicen algunos que de pena. Pero no. Fue de goleada. Porque ese año el Barça hizo una temporada desastrosa y perdió la liga. Su conciencia no pudo con tanta humillación y decidió hacerse *hippy*, a deshora, como todo lo que hacía el señor Decker, y recluirse como un apóstol dedicado a la meditación sobre tanta ignominia en el barranco del Choto. Pero para eso todavía faltaba mucho. Entretanto abrieron un *pub*. Valcorza había tenido de siempre dos centros de reunión social. Primero el Casino y luego La Rambla. Ahora La Rambla y el *pub*. Después de los discofórum íbamos a tomar algo al *pub*, donde seguíamos escuchando música, pero sin pensar. En el *pub* las mesas tenían forma de setas de chopo y eran de plástico y de colorines. Y taburetes sin respaldo que ya no servían para echar la partida.

Cuando cerró La Rambla ya no se jugaron más cotos al guiñote en Valcorza. Entre otras cosas porque los que se jugaban los cafés a las cartas se habían muerto todos. Empezando por el Cosme. Y además el *pub* ni tenía ventanas ni luz para ver los triunfos en el arrastre. Nada. El *pub* estaba para servir copas. La pared de detrás del mostrador era todo un espejo en el que se reflejaban las botellas de whisky y de pippermint. Los fines de semana hacían baile en una cochera detrás del bar que habían habilitado con luces parpadeantes y una bola colgando en medio del techo, y daba vueltas y destellos. En la discoteca podíamos fumar porros. En el *pub* de Felisón no, que compró una televisión el doble de grande que la de La Rambla, donde podíamos ver los partidos como si fueran de verdad. Con la tragedia de Miguel el Tres Patas y la televisión gigante del *pub* empezó el declive de La Rambla. Que se quedó sin jugadores. Sin reservas. Sin penaltis. Por eso Eladio Casasús se cambió de nombre, porque había jurado que jamás pondría los pies en un *pub* de ricos. Porque lo había montado Felisón, el hijo del Calderetas, ilustrísimo exalcalde de Valcorza, al que todos los años le regalaban mi camión de bomberos los Reyes Magos. Y además un filósofo no podía decir nada importante tomando *gin tonics* en taburetes de plástico con la música a todo volumen.

—Ya sé que Felisón no tiene culpa de nada —reconocía Eladio Casasús—, pero los Calderetas han sido de derechas de toda la vida y yo no me puedo tomar así como así los carajillos de un fascista.

En cualquier caso, su afición al balompié, porque Eladio Casasús hablaba siempre del deporte del balompié, y en particular su pasión animal por el Fútbol Club Barcelona, echaron por tierra *La crítica de la razón pura*. Lo de cambiar de nombre fue un último acto de rebeldía. Bueno, el último último, no. Hubo otro más, cuando decidió, las últimas fiestas que pasó en el pueblo, antes de hacerse una coleta y recluirse en su cueva de *hippy*, declarar Valcorza república independiente. Lo proclamó subido a los remolques por el micrófono de la cantante de la orquesta Sensación. Echó a Juan el Francés, que aprovechaba siempre los descansos para cantar. Por concejal de cultura y por borracho, lo dejaron hablar. Porque a nadie le importaba un carajo lo que tuviera que decir y porque el resto de autoridades se encontraban, como poco, tan borrachos como el mismo Casasús. Tras una declaración de principios, y sin olvidar que el auditorio para la rondalla seguía sin construir, pidió que por ley el señor alcalde recuperara la tradición ancestral de beber a canaleta y se incorporara al protocolo institucional de riguroso cumplimiento en actos públicos. Y pidió a Constantino el Piteras, Miguel Zalaya y Sebastián el de los Colchoneros, que aguardaban listos con el instrumental, y casi no se tenían en pie, para llevar a cabo una demostración que avivara la memoria patrimonial de todos los hijos de Valcorza.

Ipso facto Miguel Zalaya se quitó los pantalones y los calzoncillos, arremangándose la camisa hasta el pecho a la vez que se inclinaba hacia delante abriéndose de piernas. En ese instante Sebastián el de los Colchoneros, muy ceremonioso, comenzó a echar con una botella por la grupa de Miguel Zalaya un buen chorro de vino tinto, que se deslizó por los riñones del Tres Patas siguiendo el curso natural de su anatomía encauzándose como por un embudo entre los carrillos del culo para recorrer, desafiando la fuerza de la gravedad, desagües y protuberancias atravesando la costura de los huevos hasta desembocar y precipitarse en un salto de vinazo por la punta del capullo (y conocidas eran las dotes del Tres Patas), instante en que Constantino el Piteras se inclinaba en escorzo con la boca abierta como bebiendo de un porrón ante la mirada satisfecha de Miguel Zalaya, en posición de jugador de rugby a la espera de emprender la carrera.

El sargento Castiñeiras, con dos números, hizo la labor de agente de orden público, haciendo bajar a Eladio Casasús de los remolques y conminando al grupo de alborotadores a levantar el campamento. Toda la chiquillería de Valcorza rodeaba a los insurrectos señalando con el dedo las partes púdicas del Tres Patas, que seguían al aire y chorreando vino. De madrugada nos encontramos a Constantino el Piteras desmontado en el portal de Eladio Casasús, que decidiría esa misma noche exiliarse sin remisión en la cueva del barranco del Choto. Le atamos una cuerda a los cojones y cuando el filósofo abrió la puerta conminado por nuestros requerimientos lo levantó por los aires llevándose por delante el clamor institucional con su fervor patrio.

Para acudir a ver los partidos del Barcelona al *pub* de Felisón sin perder la cara, pensó que lo mejor era cambiar de identidad y mandar a la mierda a la filosofía. Dicho y hecho. Se fue directo a hablar con Damián el alguacil y le pidió, como favor personal y medio en secreto, al oído, que echara un bando por todo el pueblo anunciando su nuevo nombre. Ante lo cual Damián ni se inmutó, porque Eladio los tenía acostumbrados a esto y a mucho más. Pero cuando Damián le preguntó cómo quería llamarse, Eladio no supo qué contestar. Y quedaron que al día siguiente se lo diría en La Rambla a la hora de la partida.

De todos modos llamarse Eladio Casasús y ser filósofo resultaba poco convincente. Nadie con un nombre parecido podía llegar a decir algo importante, ni siquiera interesante, ni ser tomado en serio. Así que decidió dar un giro a su vida y abandonarse a la pasión incognoscible, en esencia, del balompié.

Barajó muchas posibilidades sin que ninguna le resultara convincente. Hasta que al fin, y por casualidad, como casi siempre ocurren las cosas trascendentales, encontró en la caja de herramientas, escrito en un costado de taladro, el apellido que le abriría las puertas del *pub* de Felisón y lo conduciría de punta cabeza a la liga de fútbol: Decker. Así se iba a llamar. Señor Decker. O mejor dicho, así habrían de llamarlo sus congéneres. El nombre sonaba extranjero, lo cual imprimía ya un punto de exotismo que de inmediato se transformaba en deferencia respetuosa. Por otra parte, Decker parecía un apellido alemán, cuna del pensamiento y patria de su maestro y guía Immanuel Kant. El cambio, por otra parte, entraba dentro de esa lógica inquebrantable de la filosofía a la que tenía acostumbrado a todo Valcorza y nadie tenía por qué sorprenderse de un *aggiornamento* perfectamente razonable. Estaba decidido. Señor Decker. No se podía pedir más. Y así lo repitió por todo el pueblo Damián haciendo sonar su corneta de alguacil, que por orden del señor alcalde, berreó, sin pensar, por costumbre, se hace saber que nuestro vecino Eladio Casasús pasará a llamarse, a partir del 11 del corriente, señor Decker.

Ahora llegaba la parte más difícil, que no era la de quitarse un nombre y ponerse otro, sino convencer a todo el pueblo que habiéndose llamado toda la vida Eladio Casasús, a partir de entonces debían llamarlo Decker, señor Decker. Y vete a convencer al Sargalero o al Tres Patas de cambiar Casasús por Decker de la noche a la mañana. Tomó la decisión de hacer caso omiso a cuantos lo llamaran por su antiguo nombre. Esa misma tarde, como Serafín Modrego seguía empeñado en llamarlo Eladio a toda costa, el señor Decker no le hizo ni puto caso, y perdieron los cafés. No había forma de aclararse. Ni de que Miguel Zalaya el Tres Patas o Serafín Modrego, ni siquiera José Enrique el cura, que se negó a bautizarlo por segunda vez, aceptaran llamarlo por su nuevo apellido. Porque lo que Eladio Decker deseaba es que lo llamaran señor Decker, así, junto, señor Decker, y a Serafín Modrego le resultaba imposible inquirir si el señor Decker había hecho las diez últimas o no.

Así quedó la cosa. En el limbo de la identidad. Como los recién nacidos que se mueren sin bautizar dando vueltas en la negrura infinita *ad aeterno.*

Lo que cuenta es que Eladio Casasús, quiero decir, el señor Decker, entró en el *pub* con la cara bien alta y pidió un revuelto a Felisón mirándole directo a los ojos.

—Pues no tenemos revuelto —contestó Felisón desde el otro lado de la barra.

—Un carajillo de anís, entonces —corrigió—. ¿A qué hora es el partido? —añadió el señor Decker como si tal cosa.

Y bebiéndoselo de un trago dijo que hasta luego pues.

—Hasta luego y cuida no se te mojen los pies, Sr. Decker. Ponte las botas de agua.

Frase enigmática donde las haya, aunque todo en Valcorza tiene su explicación, hasta lo inextricable.

33.

Primero los almendros, y al poco los cerezos también, se habían puesto blancos y rosa desvanecido. Gregoria Samper miró por la ventana de la cocina desayunándose un tazón de leche con remojones de pan, y decidió que había vivido bastante.

Limpió el desayuno y el hule de la mesa, echó de comer a las gallinas y cerró la puerta de atrás para que Pinto no pudiera entrar y hacer una de las suyas. Ventiló el dormitorio e hizo su cama y sobre la colcha acomodó las moñas negra y la novia y la legionaria.

—Enseguida estoy —dijo al retrato de sus padres el día de su boda colgado en la pared junto a las escaleras—. Y contigo también —dejó caer al suyo con Timoteo padre en la cabecera de la cama.

Dio un beso a su hijo Timoteo el Modorro vestido de marinero el día de su primera comunión, con su cabeza entera de niño, muy estirado, con un rosario de cuentas blancas enrollado en la mano derecha y un misal igualmente blanco abierto por la mitad, como si hubiese interrumpido una lectura piadosa para mirar fijo a la eternidad.

Volvió a la cocina a buscar el mejor cuchillo de la despensa. Uno de matarife, con el mango de madera y la hoja desgastada y fina de tantos afilados. Como una hoja de eucalipto. Se lo echó al bolsillo del delantal y cubriéndose los hombros con un chal de punto, porque la mañana estaba fría, tras un portazo enfiló por el barrio alto a las eras sabiendo muy bien dónde porque ya lo tenía pensado.

—¿A dónde vas tan temprano, Gregoria?

—A morirme —dice Serafín Modrego que le dijo pero se lo tomó a risa porque Gregoria tendía a la exageración y al tremendismo.

—Quién iba a pensar. Eso sí, muy buena persona —añadió camino del cementerio.

Cerró la puerta de la cochera, sin echar la llave, y en cuclillas se escondió detrás de unos cañizos, porque la muerte es una vergüenza. Y allí, echa un ovillo, se hundió el cuchillo en mitad del pecho acostándose sobre el filo para morirse de muerte y para siempre.

34.

El *pub* de Felisón el Calderetas olía siempre a meadas y humo frío. Bueno, no es que oliese a meadas y brasero, sino que usaba para quitar el mal olor a hombre el mismo ambientador que echaba en el *water*. Y abundante, abundante. El ambientador. Al revés del chorro de ginebra que servía en los cubatas. Ahí no se le iba la mano, no. Y es que de tanto trasnochar y abrir temprano por la mañana no le daba tiempo de ventilar el *pub*, que desinfectaba todas las mañanas con perfume de fresa.

Cuando el señor Decker gritó gol con todas sus fuerzas ya no había remedio. La mitad de sus amigos estaban muertos. Sebastián el de los Colchoneros había tumbado a tiros al Tres Patas. La Rambla había cerrado el año anterior. La juventud se subía a los coches y a las motos y Valcorza se vaciaba los viernes por la noche hasta el domingo por la tarde atraídos como moscas por la discoteca Galaxia, que había abierto aprovechando una nave en mitad de la carretera entre Valroya y Valcorza. Y el Barça perdió la liga. A pesar del gol en el último minuto y la media docena de rosarios que el señor Decker había rezado en secreto antes de cada partido. Y alzando la mano derecha como brindando la faena al respetable, se despidió con unos versos del Tenorio que se le habían quedado pegados a la memoria como pegotones de brea desde los padres escolapios:

Allá voy.
Llamé al cielo y no me oyó,
y pues sus puertas me cierra,

de mis pasos en la tierra
responda el cielo, y no yo.

Nadie en el *pub* de Felisón escuchó nada. Se quedó así plantado, a la espera de quién sabe qué, mientras se le iba cayendo la mano, muy solemne, para dar media vuelta y no volver nunca más.

José Enrique había reducido la misa de once a la mínima expresión, hasta convertirla casi en una misa conceptual, como hubiera dicho el mismo Eladio Casasús. Ahora tenía que dar la comunión a las cuatro beatas que olían a muerto y seguían empeñadas en recibir la extremaunción todos los domingos. Para rezar el rosario les había grabado una casete con padrenuestros y avemarías y dejaba a Remedios Blasco, con medias negras y viuda, encargada de darle al *play* y al *stop* al final de cada estación. José Enrique no daba abasto y, como el pescatero sardinas frescas, repartía misas por todos los pueblos de la rodeada, incluidos Valroya y Valtán. No le hacía falta tocar la bocina, que para eso tenía en cada pueblo una campana que hacía sonar desde el magnetófono por los altavoces de la torre, y las viejas salían de sus casas como cucarachas camino de la iglesia. Para entonces el Sargalero mandaba ya mucho. Comprendió que para triunfar en la vida una de las cosas más importantes era conocer el nombre de las señoras de todos los que le daban la mano. Y al Sargalero memoria no le faltaba. Desde pequeño. Ya lo decía don Ernesto el maestro.

—Qué pena que este chico no venga a la escuela.

El nombre de las señoras, de los hijos y poner cara de mucha preocupación. Y calladito. Y venga traje del Corte Inglés. En la capital lo habían nombrado el puto jefe de los jefes, y era tan rico que no podía más.

En La Rambla los malos recuerdos se ahogaban con carajillos de anís. En el *pub* de Felisón renunciamos a cambiar el mundo fumando porros. Y los más místicos metiéndose la esperanza por la vena, o con chinos. Ahora entre Valroya y Valcorza se agolpaban los coches en un descampado donde crecieron en tiempos espigas de trigo como puños. En el Galaxia los hijos de Serafín Modrego y Paulina Foz, Miguel el Tres Patas y Remedios Blasco, los de Constantino el Piteras y Margarita la Ratona, y los de Julita la del Comprebién, que se había casado con uno de Valtán, Relancio el Sopas, y se había puesto tremenda, por cierto, eran felices en jornada continua, de sol a sol, a base de tirito y pastillazo. En el Galaxia no olía a nada, porque ya sabemos que el universo no tiene olor.

Todo esto me lo contó el Tocateja nada más morirse. Volviendo en moto de la discoteca Galaxia. Cuando se estampó contra la señal que anuncia que por allí pasa el río Altán. Estaba un tanto desmejorado y medio calvo. Por la edad. Fondón. Solteracho. Se le salían los sesos y las pastillas por los ojos. Yo lo escuché sin decir nada, por no quitarle la ilusión. Porque el Tocateja todavía no se daba cuenta de que los muertos lo sabemos todo.

35.

Una de las principales atracciones en las fiestas de la Virgen, además del toro de fuego, era tirar de punta cabeza a la fuente de la plaza a los que bajaban de Valroya. Los de Valroya también tenían fuente, lo cual no nos impedía subir cada año a fiestas a su pueblo, que empezaban a las tres semanas de terminar las nuestras. Tirábamos a la fuente solo a los mozos. A las chicas las invitábamos a melocotón con vino y sangría en la peña, y a bailar, y a tocarles las tetas. Las de Valroya tenían unas tetas exageradas. No sé por qué. Será por la presión atmosférica, porque Valroya cae en alto. En Valcorza había dos peñas: la nuestra y la de Felisón y esos. A la hora de tirar a los de Valroya a la fuente no había diferencias. Para todo lo demás, sí.

Cuando no podíamos tirar a los de Valroya a la fuente teníamos que conformarnos con pegarnos entre nosotros. Felisón y esos siempre se llevaban la peor parte. Porque eran unos blandos. Y de derechas. Tampoco es que se dejaran arrear así sin más. Pero a repartir hostias no nos ganaba nadie. Ni Felisón, que decía que había aprendido a gritar como Bruce Lee en los padres escolapios. Pero cuando echaron Kung Fu por la tele de nada le servía ponerse a chillar como una rata y las enseñanzas del Pequeño Saltamontes dejaron de ser un secreto. A las dos patadas se le había visto el plumero y tenía los morros como berenjenas.

Felisón y esos hacían peña en una cochera cerca de la plaza. A la nuestra se entraba por unas escaleras que bajaban hondo hasta una bodega del barrio alto. Teníamos un mostrador y dos barrales con sangría. Y cervezas. Que sabían a meada porque nunca estaban frescas. Los de Felisón tenían nevera y todo. Y pósters de Paul Newman. Pero las de Valroya venían a bailar a nuestra peña, que olía a carrasca y a cementerio. Llenábamos el hueco entre los maderos con ramas de sabina sujetas con cuerdas al través. Porque hacía bonito y daba buen olor. Una vez muerto me di cuenta que en lo de morirse había algo familiar. Hasta que caí en la cuenta que la muerte era negra y húmeda y olía a carrasca como la peña en fiestas. Pero sin las canciones de Nathalie y Christine, que cantaban entre gemidos una canción titulada *Femmes*, que ponía en el disco que quería decir mujeres, en francés, y es que no paraban de jadear como si estuvieran follando allí las dos dale que te pego, y lo poníamos en el tocadiscos cuando bajaban las de Valroya. Pero como si no. A verlas venir.

—¿Bailas?

Y venga a dar vueltas. Otra cosa no hacíamos. Dar vueltas, sin parar. Un montón. Para terminar con el carrillo colorado de tanto arrimarnos. Y encendidos.

—Me duelen los huevos —decía el Tocateja en cuanto se marchaban.

Y se iba corriendo a hacerse una paja.

El repertorio de nuestro conjunto era de lo más variado. *Europa* de Carlos Santana, por supuesto, *Wish You Where Here* de Pink Floyd, Víctor Jara y *Te recuerdo Amanda*, y Bob Dylan. Mucho Bob Dylan. En las misas de José Enrique interpretábamos *Jesucristo Superstar* y tras la comunión, durante los minutos que José Enrique dejaba para meditar, interpretábamos en plan música ambiental *Femmes* a dos guitarras, que se nos antojaba una bella melodía. Y lo era. Pero sin arrumacos, claro. Además de las guitarras, la formación la cerraba Ernesto el Tocateja a la batería. Pero como todavía no teníamos batería, había que conformarse con el tambor de Semana Santa. Y el Tocateja, que no tenía talento, se empeñaba en rodearse de una ristra de tambores, timbales y bombo, y no había manera de explicarle que con tanta sección rítmica era imposible que Adolfo y yo pudiéramos oírnos las guitarras. El Tocateja no tocaba en la iglesia. El Tocateja no tocó nunca. Pero un conjunto sin batería no era un conjunto, y el Tocateja nos hacía el papel.

A la espera de una oportunidad seguíamos buscando un nombre para el grupo, que no lo teníamos. Y ensayando. Y componiendo nuestras propias canciones, que se quejaban de todo, hasta que el Sargalero nos explicó que para triunfar no hacía falta irse al extranjero.

—Valcorza está en el extranjero —afirmaba campanudo.

—En Europa para más señas —corroboraba Eladio Casasús echándole un capote.

—Y para llamar a las puertas del cielo —añadía el señor alcalde para demostrar que también se enteraba de la movida— no hace falta pasar por Madrid, que por Valcorza se llega antes.

—Vas a comparar—apostilló Serafín Modrego.

Y para demostrarlo nos dejó un salón en el Ayuntamiento donde ensayar. Los días de pleno se producía un conflicto de competencias, porque nosotros le habíamos tomado la palabra al Sargalero y mientras Eladio Casasús insistía una y otra vez en aprobar la construcción de un auditorio para la rondalla, nosotros seguíamos tocando a Carlos Santana con el Tocateja a la batería, hasta que al señor alcalde se le hincharon los cojones y empezó a dar gritos para que nos callásemos o nos fuéramos a tomar por el culo, dijo. Ni a Europa ni al cielo ni hostias, al mismísimo infierno con Satanás. Allí nos iba a mandar a los tres, me cago en Dios.

No nos dio tiempo de hacer nuestro debú porque el primero en morirse fui yo, ahogado. Una promesa malograda, escribió José Enrique en la hoja parroquial. Sin el cantante, el conjunto se vio abocado a la disolución. El día del entierro el Tocateja hizo un solo de batería en la iglesia que nos puso los pelos de punta. De bombo y tambor. Y a los pocos años, cuando se había puesto medio calvo y llevaba pendiente, el Tocateja también la palmó y casi se queda sin cabeza, como Timoteo el Modorro. Adolfo cayó el último, y por poco se hace viejo. Fue un borracho sin solución, hasta el mismo día que le pudo una neumonía y se vino para este barrio. Muy chupado. Casi no lo conozco. Cuando le tocó el turno al Sargalero, llegó con muchas prisas. Dando voces. Pidiendo paso. Pero allí no había nadie para recibirlo. Prometió una nueva cancela con portero automático. Pero ni por esas. Y allí se quedó para sécula. Cagándose en todos los santos. Aporreando las puertas del cielo.

36.

—Buenos días, señor Decker —saludó Ambrosio el Renacido. Pero siguió vuelto de espaldas, sin decir nada. Sentado en un tocón de pino, de cara al barranco.

—¿Está usted escribiendo una poesía?

—Ambrosito —respondió volviéndose y mirándolo a los ojos—, soy de mentiras.

Y a la semana estaba muerto.

Serafín Modrego aparcó la pala excavadora delante de La Rambla. Cuando Serafo segaba con hoz para el Calderetas partiéndose los riñones, de sol a sol, con una sardina rancia y un botijo de agua fresca, las familias de los ricos contabilizaban su poder en número de caballerías. Dos machos era lo más. Dos machos y una mula. Una mula. Un buen burro. Una burra. De macho a pollino, las posibilidades terminaban en los que tenían que vivir andando y entrecavar el huerto a golpe de azadón. Ahora el termómetro del bienestar se medía por caballos, y el coche del Modrego tenía un montón.

—¿A dónde vas sin auto? —le dijo Cosme por la ventana de La Rambla.

Serafín Modrego, que siempre había ido a todas partes a pie, menos cuando marchó a Francia a trabajar, no concebía otro medio de transporte que el coche para acudir a La Rambla a jugar al guiñote, ahora que tenía uno.

—No querrás que venga andando a tomar café —respondió bajando de un salto—. La Paulina, que se me ha llevado el todoterreno.

Paulina Foz fue la primera mujer de Valcorza que tuvo carné de conducir, a pesar del morro torcido que le puso su marido. A Manolo Escobar no le gustaba que su novia se pusiera la minifalda para ir a los toros. Y de conducir a la minifalda había un paso. Ya se sabe. Das esto y se toman hasta aquí. Y el Serafo se imaginaba a la Paulina con minifalda por todo Valcorza. Conduciendo el 4L. Y se reconcomía de rabia por dentro. Pero se tuvo que conformar.

—¿No conducen las suecas? Pues yo también, mameluco. Que eres un mameluco.

Que qué dirán en el pueblo, que menudo marimacho, que seguro que te matas, si no te llevas a alguno por delante, que para qué quieres tu conducir que ya te llevo yo, que no necesitas el auto para nada. Todo fueron peros. Pero Paulina Foz había decidido sacarse el carné y tuvo carné. Y lo peor es que cundió el ejemplo.

—Tú me vas a decir a mí lo que tengo que hacer —y allí acabó la conversación.

Paulina Foz y Serafín Modrego se quisieron mucho. Tanto como discutían. Porque se pasaron la vida a palos. Intercambiando los peores insultos. Mamarracho. Carnuz. Poco hombre. Y amándose. Sin rencor. Y llegó a conducir mejor que el Serafo, que al final estaba encantado de tener chofer y se sentaba ufano al lado de su mujer. Solo le faltaba saludar por la ventanilla como un príncipe. Vivían a quinientos metros de La Rambla, saliendo de Valcorza por la carretera de Valroya. Y desde que el Serafo se compró el primer 4L siempre fue a tomar café en coche. Como todos los que iban a tomar café a La Rambla. Ahora aparcaba un Land Rover que podía arrastrar un remolque lleno de cebada. Serafín Modrego se había levantado de echar la siesta, una cabezada de media hora, y al no encontrar el auto en la cochera, se fue a echar la partida montado en la pala excavadora. En Valcorza la hora punta era la hora del café. Se organizaban unos embotellamientos escalofriantes. Llenos de bocinazos. Hasta tal punto que el Sargalero propuso en un pleno nombrar al milhombres de Manolo el Bodollo guardia municipal.

—Total, ya que se encarga del correo…, por el mismo precio.

Pero más que en el tráfico urbano, porque el Sargalero hablaba de tráfico urbano refiriéndose a Valcorza, el señor alcalde hacia cuentas en la cabeza con las multas que podría embolsar en las arcas del consistorio gracias al rigor de los servicios postales. La iniciativa no prosperó. Fundamentalmente porque si el Bodollo hacía de guardia municipal a la hora del café se quedaba sin partida. Y además el Bodollo no tenía ni media hostia. Y para ser guardia municipal había que echarle un par de huevos.

En La Rambla ponían *Acorralado*, de Rambo. Cosme había comprado un video y hacía cine por las tardes. Y en sesión de noche. Lo mismo habíamos visto catorce veces *Acorralado*. Al cine Bonanza no iba nadie. Hacía tiempo que estaba cerrado, aunque tardaron en pegarle fuego a las butacas de madera. Las golondrinas habían anidado entre la B y la O.

37.

Además de pegarnos, para fiestas había también cucañas con pollos vivos y vueltas de longaniza. La orquesta Sensación y el toro de fuego. Cuando la pena le llegó a los ojos, Florencio se dejó morir y nunca nadie volvió a sacar el toro de fuego. Estaba de alcalde el Sargalero que dijo que en lugar de aquel toro de cartón traerían para fiestas uno de verdad, con dos cojones. Jamás en Valcorza se habían toreando animales con cuernos, a excepción del difunto marido de la señora Mercedes. Cerraron la plaza con remolques y soltaron un becerro. Dio dos vueltas al ruedo. Primero en una dirección. Luego en otra. Y decidió que había visto bastante. Se cagó en mitad de la plaza y tomó las de Villadiego. Pero de allí no se iba nadie sin el permiso del señor alcalde. Y ahí estuvo el toro dando vueltas, solo, porque nadie se atrevía a echarse al ruedo. Alguno se asomaba con un pie en el estribo del remolque citando al animal. Que se asustaba bufando a reculones. Hasta que a Serafín Modrego se le ocurrió la gracia de salir a cuatro patas y embestir dando una tozada al novillo que a poco lo mata. Serafín Modrego al novillo, quiero decir, que echó a correr espantado tras el encontronazo.

Con el Serafo inconsciente por los suelos, los más valientes saltaron al ruedo y empezaron a darle puñetazos al animal hasta que consiguieron reducirlo y encerrarlo. A Serafín Modrego también le dieron puñetazos, por haberles hecho pasar tan mal rato, y se lo llevaron en hombros al hospital. Al hospital, pero en hombros a fin de cuentas. Desde los remolques pedían a gritos y con pañuelos blancos las dos orejas y el rabo. Y Damián, que en tanto que representante de la autoridad hacía las veces de alguacilillo, pensaba que del Serafo. Y en mitad de la plaza, tocando la corneta como si fuera a echar un bando, se sujetaba los huevos como diciendo al respetable que se quedaran con el suyo.

—Me vais a comer todos la polla —pensaba que decía—, maricones.

Pero en realidad no decía nada. Soplaba en la corneta y se quedaba mirando al infinito, pensativo, sujetándose los huevos con una mano y soplando el cornetín con la otra. Como si Damián el Tomato hubiera pensado algo en toda su vida. Y en contra de cualquier previsión, el Serafo no la diñó aquellas fiestas, pero sí el propio Damián que, de sopetón, cayó redondo en mitad de la plaza dando un quiebro, como haciendo un brindis al respetable, y nunca más volvió a ponerse en pie ni a echar bandos ni a tocar la corneta sin que nadie se pudiera explicar la razón de tanta desaparición, así porque sí. Muerto total. Para substituir al alguacil del Ayuntamiento, el Sargalero hizo instalar en la torre de la iglesia unos altavoces para echar los bandos, pregonados por él mismo siguiendo la misma fórmula de siempre en una suerte de tercera persona mayestática.

—Por orden del señor alcalde —gritaba por el micro.

Y añadía:

—Bueno, por mí mismo.

—Y por mis cojones —corroboraba desde La Rambla Arsenio el Vinagres, mordiendo su palillo de lado a lado y supurando sol y sombra por la comisura de los labios.

—Se hace saber —se oía por todo el pueblo.

Más tarde los altavoces sirvieron para todo. Para echar los bandos del Sargalero, y que José Enrique, el cura, pusiera una casete de villancicos por Navidad, y otra de sevillanas durante las fiestas de la Virgen del Camino, que casi no se distinguían porque sonaban igual, para hacer sonar las campanas, con su repicar grabado también en una casete, y el ángelus o avisar que llegaba el repartidor del butano. Se oía por todo el pueblo que Florencio, el pastor, se había muerto, de repente, y que a tal hora la misa, o que estaban esperando al avechucho de Serafín Modrego en casa para comer y que se diera prisa.

—Modrego —retumbaba por Valcorza la voz de pito de Paulina Foz, porque su mujer, cuando estaba de mal humor, lo llamaba por el apellido—. Modrego —repetía tras unos segundos, como si esperase una respuesta—, que estamos todos sentados a la mesa. Haz el favor de venir corriendo, que se enfría la cena, adefesio.

Los primeros en desaparecer fueron los de la orquesta Sensación. No vinieron más. Ahora la comisión de fiestas traía una orquesta distinta cada noche. Con una cantante que sobre todo tenía piernas, además de voz. Y ya no tocaban en la plaza. Porque había que montar y desmontar dos veces. En la plaza y en el salón, dijeron. Y con todo el instrumental era imposible. En la plaza de Valcorza ya no bailaba nadie para fiestas, aunque seguían poniendo las banderitas de colores. Ahora el baile se hacía en el cine Bonanza, del que solo quedaba el nombre cagado por las golondrinas, al que acudían niños y viejos por hacer bulto. Nadie conocía aquellas canciones, y los que las conocían preferían beber en las peñas o en el *pub* de Felisón hasta la madrugada, antes de salir a recenar costillas. Y hacían mucho ruido. Aunque a Paulina Foz y Serafín Modrego les importaban bien poco los tachunes de la orquesta porque bailaban todas las canciones por igual, con el mismo un dos tres de bolero cojitranco, pues lo que de verdad oían en sus molondras no era otra cosa que la banda sonora de la eternidad interpretada por Lucho Gatica:

> *Espérame en el cielo, corazón,*
> *si es que te vas primero.*
> *Espérame que pronto yo me iré*
> *allí donde tú estés.*
> *Por eso yo te pido, por favor,*
> *me esperes en el cielo.*
> *Y allí entre nubes de algodón*
> *haremos nuestro nido.*

El toro de fuego de Florencio se había muerto. Y también Florencio. Y tampoco había traca el último día de fiestas. Ni pollos vivos en los cántaros de la cucaña.

38.

El único que siempre fue feliz en Valcorza se llamaba Ambrosio, Ambrosio el Renacido. Y es que se reía constantemente. Hasta en los entierros. Sin que nadie se lo tomara a mal. Porque Ambrosio era tonto perdido. Se volvió tonto el día que el campano grande se lo llevó para fuera bandeando en el bautizo de la hija mayor de Paulina Foz y Serafín Modrego, y casi se mata. Cayó de cabeza encima de un remolque lleno de cebada. Y allí se quedó clavado como una estaca. Hasta que lo sacaron y se dieron cuenta que de muerto nada. Que seguía vivo. Pero tonto. Y desde entonces lo llamamos el Renacido. Porque habiéndose matado volvió de la muerte para babear toda la vida. Nada más revivir empezó a tartamudear sin podernos contar nada de lo que pasaba en el otro Valcorza. El de los que ya habían cogido el montante.

Durante su caída en barrena desde el campanario pasó por delante del reloj de sol y le dio tiempo de aprenderse de memoria los latines que coronaban el gnomon, sin entender nada, claro, porque lo estaba leyendo del revés. Cuando le preguntaban algo y no sabía qué responder decía siempre «*dies mei sicut umbra*», abriendo mucho los ojos, y entonces le daban un cachetón, para que no soltara sandeces. También era capaz de enumerar, cuadrándose, los nombres de los nueve caídos por Dios y por España, en orden y sin equivocarse, empezando por el de José Antonio para seguir con Francisco Ondiviela Sanz, de los Calderetas, primo hermano de don Julián, hasta el final y de tirón.

Desde el día que se cayó de la torre se le había ensanchado la cabeza. Achatada también. Del golpe. Y después del porrazo le habían puesto gafas.

—Este niño necesita gafas —había dicho el practicante.

Y le pusieron gafas de ver.

Se le escurría la baba y se reía. Es lo único que sabía hacer. Lo que ninguno en Valcorza sospechaba es que Ambrosio el Renacido, al morirse, se confundió de camino y volvió al mundo de los vivos. Por eso le quedó cara de espanto. Porque al abrir los ojos no daba crédito a lo que estaba viendo. Otra vez en Valcorza. Menudo chasco. Con la boca abierta. Y ya no la pudo cerrar. Y al morirse y volver se quedó con el pie derecho aquí y el izquierdo en el otro barrio, sin llegar a morirse del todo y enterándose de cuanto sucedía más allá de la inmortalidad y decían los muertos, y de lo que hablaban los vivos de Valcorza. Por eso se reía en los entierros y no por otra cosa, porque durante la misa seguía hablando con el difunto como si nada. Y le hacía mucha gracia.

Remedios Blasco se atrevió a decir que había sido un milagro. De la Virgen del Camino. Que le tenía mucha fe. Pero mosén Antonio cortó por lo sano y concluyó que de milagro nada. Que aquí mandaba él y Ambrosio había salido volando de la torre por inútil. Y que se le estaba bien empleado.

Timoteo el Modorro, Constantino el Piteras, Miguel Zalaya el Tres Patas, Ernesto el Tocateja se quedaron pasmados al morir y comprobar que Ambrosio les daba conversación.

—¡Coño, Ambrosio!, ¿qué haces tú aquí, tan campante? Anda y dile a la Ratona que deje de dar gritos que me está poniendo dolor de cabeza —le pidió Constantino el Piteras el día de su entierro.

—Calla que ahora no puedo. Espera que te bajen por el balcón.

Entonces Juan el Francés se puso a lanzar vivas a los quintos con todas sus fuerzas. Y en el trajín y con tanto lamento al Ambrosio se le fue el santo al cielo y la Ratona siguió desgañitándose, llorando a moco tendido, insultando al difunto de su marido con la rabia de quererlo y no poder decírselo.

—Borrachuzo, más que borrachuzo —le espetaba a la caja.

Otras veces sí que se acordaba, como cuando Timoteo el Modorro le pidió que avisara a Lola la Coja que se había muerto sin querer. Y Ambrosio fue y se lo dijo. Y que Timoteo la quería mucho y que se quería casar con ella, aun después de muerto. Y también acudió a la iglesia a explicarle a mosén Antonio que Timoteo el Modorro seguía empeñado en casarse con Lola la Coja después de muerto. Como en la película de Charlton Heston en el Cid Campeador. A lo que mosén Antonio contestó que eso no podía ser. En primer lugar porque Lola la Coja era una puta.

La petición de mano de Lola la Coja causó un gran revuelo en Valcorza. Y casi encierran en un manicomio al pobre Ambrosio. Porque buena voluntad le puso mucha, pero nadie quiso creerlo. Eso sí, Lola la Coja se quedó muy tranquila y le pidió que dijera al Timoteo que ella también lo querría *in perpetuam*.

—Que la Lola te quiere una barbaridad, Timoteo, pero que no puede casarse con un fantasma. Ya me entiendes. Que ella lo que necesita es un hombre de verdad que la retire.

Y Lola la Coja tuvo que seguir echando polvos. Y Timoteo conformarse con serlo. Eso sí, enamorado.

Total que por unas cosas u otras, porque Ambrosio se olvidaba, porque era un desastre, y porque si daba el recado aún resultaba peor y nadie creía una palabra de lo que estaba diciendo, dejamos de pedirle favores.

Cuando sacaron la bicicleta del cartero del pantano y encontraron la carta de Timoteo el Modorro dentro, Manolo el Bodollo se acordó de lo que Ambrosio el Renacido le había dicho en La Rambla.

—Y tú qué coño sabrás, idiota —interrumpió el sargento Castiñeiras. ¿Quién te ha contado a ti que la bicicleta está en fondo del pantano?

—Pues Timoteo el Modorro. Pero no ha querido decirme quién la ha tirado.

De eso se acordó Manolo el Bodollo el año que se secó el pantano. Para nada. Porque Ambrosio el Renacido llevaba ya una buena temporada con los dos pies en el mismo lado del camino y ya no estaba para dar recados. Y pronto Manolo el Bodollo entendería también por qué Ambrosio le afirmó con aplomo que su bicicleta se hundía en el fango del pantano con las alforjas llenas de piedras.

39.

—A ver, Casasús, las Provincias Vascongadas.

—Las Provincias Vascongadas son tres: Vizcaya, capital Bilbao; Álava, capital Vitoria; Guipúzcoa, capital San Sebastián.

—¿Y qué más?, Casasús, que siempre te quedas a medias.

—Todo respira, en esta privilegiada región, patriotismo, laboriosidad, cultura y riqueza, honradez y bienestar.

—Siguiente —y el padre Lorenzo formuló una nueva pregunta—. Aragón.

Todos los alumnos de primero de Bachiller estaban en pie formando un círculo alrededor del aula, con el padre Lorenzo sentado tras su mesa, sobre la tarima, vigilando las respuestas de los alumnos por encima de sus gafas oscuras de pasta.

—La Región Aragonesa la constituyen tres provincias: Zaragoza, Huesca y Teruel. Aragón es tierra de generosidad, de sencillez, de patriotismo y de nobleza.

—Bien, siguiente.

Eladio Casasús se incorporó a duras penas para beber un poco de agua. La fiebre no le dejaba dormir. En la cueva hacía frío. Envuelto en una manta salió fuera y se sentó en un poyo de pino para calentarse al sol de las tardes del otoño en el barranco del Choto. Más allá del barranco se abría en abanico el valle del Altán, pardo, con olivos y campos roturados.

—¿Está componiendo una poesía, señor Decker? —escuchó que preguntaban a sus espaldas.

La voz del padre Lorenzo no se le iba de la cabeza, sin parar de hacer preguntas.

—A ver Casasús, que estás dormido.

—Los reyes godos fueron treinta y tres, pero los más notables son Ataúlfo, Walia, Teodoredo, Eurico, este... Leovigildo, Recaredo... don Rodrigo...

—Siguiente —cortó el padre Lorenzo.

Y Eladio Casasús corrió un puesto hacia detrás en el círculo de alumnos. Temblaba de frío. Y de miedo.

—¿Se encuentra bien, señor Decker? —escuchó que preguntaba de nuevo Ambrosio el Renacido.

Pero la lista de los reyes godos se detenía en Recaredo y no había forma de seguir adelante.

—Acércate a la mesa, Casasús. A ver, los principales reyes godos.

Y Eladio Casasús comenzó a recitar la lista hasta tropezar de nuevo sin conseguir llegar hasta don Rodrigo. Nadie tuvo que pedirle nada. Ofreció la mano derecha con los dedos agavillados como sosteniendo una flor en la yema de los dedos. El padre Lorenzo lanzó un golpe con la regla ancha de madera que utilizaba para dibujar paralelepípedos. Eladio Casasús retiró la mano en un gesto reflejo.

—Pues ahora tres con la propina, Casasús —corrigió el padre Lorenzo esperando a que el alumno le ofreciera de nuevo los dedos para golpearle con la regla de madera sobre las yemas.

Volvió a meterse bajo las mantas en el hueco tallado en la roca que hacía las veces de cama. Se encomendó a Johan Cruyff. Aguantó unos días bebiendo agua, con una lata de sardinas en aceite. Abrió su cuaderno de notas y releyó recordando los versos antiguos.

En el plato de leche se ahoga la mosca.
La larva sestea en el bandullo abierto del carnero.
Amarilla, una retama bebe de la piedra y de la noche.

—Ataúlfo, Walia, Teodoredo, Eurico, Leovigildo, Recaredo... don Rodrigo...

—A ver Casasús, los principales reyes godos —pidió de nuevo el padre Lorenzo con su voz gangosa.

Pero Eladio Casasús fue incapaz de contestar una vez más a la pregunta y se quedó callado.

—Acércate, Casasús —ordenó el padre Lorenzo acomodándose las gafas con el índice.

Eladio Casasús lo intentó una última vez, antes de subir a la tarima junto a la mesa del profesor. Ataúlfo, Walia, Teodoredo, Eurico, Leovigildo, Recaredo, deliraba empapado de sudor. Una y otra vez, recomenzando. De día y de noche. Incapaz de dejar de rezar la lista de los reyes godos. Oyendo su voz en la cueva del barranco del Choto dándose de bruces inexorablemente contra Recaredo. El padre Lorenzo hizo restallar la regla de madera sobre sus dedos. Apretó los dientes y dejó que lanzara un segundo golpe. Recaredo, Sisebuto, Suintilla, Wamba y don Rodrigo completó de carrerilla. Y entonces Eladio Casasús no pudo más y, con la mano izquierda, le soltó un bofetón. Las gafas oscuras de pasta del padre Lorenzo saltaron por los aires. Y en la cueva del barranco del Choto se hizo un silencio espeso. Irrespirable. De otro mundo.

40.

De lo primero que se dio cuenta Sebastián el de los Colchoneros al bajar del autobús es que habían cerrado La Rambla. Y de que nadie lo estaba esperando para darle la bienvenida. Y no por nada. Porque en Valcorza, que Sebastián se hubiera tirado media vida en la cárcel por haber matado a su amigo el Tres Patas no importaba. Sino mucho peor. Porque no quedaba nadie que recordase aquella desgracia. Y si quedaba, le daba lo mismo o se había olvidado. Y además, a pesar de llevar mucho tiempo sin volver a Valcorza, al cabo de cinco minutos, cuando ya te han mirado, cuando ya saben quién eres, tampoco le importa a nadie. La vida sigue. Indiferente. Como si nunca te hubieras marchado del pueblo. Indiferente. Barranco abajo. Sin que nadie pueda hacer nada para detenerla.

Tras la humera negra que dejó el autobús aparecieron tres viejos sentados al carasol. Y se le quedaron mirando. Y al cabo de unos segundos el de la derecha hizo un gesto con la mano como saludando. Pero no saludaba a nadie porque Serafín Modrego no había reconocido a Sebastián el de los Colchoneros. Calvo. Canoso. Achaparrado. Torcido.

—¿Quiénes son esos viejos? —se preguntó escudriñando.

Sin darse cuenta que también él se había puesto viejo. Tanto como el que le hacía gestos. Los otros también lo miraban preguntándose quién era el forastero que bajaba del autobús en Valcorza. Cruzó la carretera sin quitarles la vista de encima. Los otros también miraban.

—Coño, Sebastián, ¿ya te han soltado? —preguntó Serafín Modrego, sin dientes.

—Ya he pagado, ya —contestó buscando en el rostro del Serafo su nombre—. Y he vuelto.

—Pues aquí estamos.

—Bueno. Pues me voy para casa —replicó dudando si era o no era.

—Soy el Serafo —aclaró al ver que Sebastián seguía buscando.

—Buenas tardes Serafín. Viajar, que me cansa mucho —dijo, por decir algo—. Ya perdonarás.

—¿Qué tal por la cárcel?

—Pues entre rejas. Han cerrado La Rambla —señaló.

—Cosme se murió. El hijo del Calderetas ha abierto un paf al lado del ayuntamiento.

—¿Un paf? ¿Qué es eso de un paf?

—Pues un paf para beber, Sebastián. Qué va a ser. Cómo se nota que has estado en la cárcel.

—¿Felisón el Calderetas?

—Felisón, Felisón.

—¿Y le va bien?

—Debe de ganar muchos dineros. Está siempre lleno.

Cuando ambos supieron quiénes eran se acabó la conversación.

—Me alegro de verte, Serafo.

—Lo mismo digo. A mandar —concluyó.

Y siguió su camino hacia el barrio alto. Con una bolsa del Corte Inglés como único equipaje.

Pero lo que a Sebastián el de los Colchoneros le apetecía no era beber, sino follar. Y dio media vuelta.

—Serafo, ¿todavía funciona el Reina de Corazones?

—¿El Reina de Corazones?

—Las putas.

—Nada. También lo cerraron.

—¿Y con quien follan entonces los del pueblo?

—Ahora los jóvenes se marchan a Punta Cana, o a Varadero.

—¿Y dónde para eso? ¿Lejos?

—Mucho. Donde Colón.

—¿En Valroya?

—En las Américas de Colón, donde Cuba.

—¿Y para qué se van a follar tan lejos?

—Hombre, que a follar solo no van. Se marchan de vacaciones.

—¿Vacaciones? También tienen ganas.

—En avión. Ahora se suben al avión como tú en el coche de línea, Sebastián. Lo mismo.

—En avión a follar.

—Para un apaño te puedes acercar hasta la carretera de Valroya. Que hay un puticlú con rusas. Ahora ya no fusilan a nadie por joder con comunistas.

Y siguió su camino hacia el barrio alto, sin entender de qué coño le estaba hablando Serafín Modrego. Tocaban a misa. Pero aquello no sonaba a campana, sino a hojalata.

—Por favor, que pase un momento por la sacristía la Paulina, que se ha estropeado el enchufe de las velas de los donativos —se oyó por los altavoces.

Constantino el de los Colchoneros pasó por delante del cine Bonanza. El escalón de las puertas estaba todo cagado y las golondrinas no paraban de ir y venir. Valcorza se había vuelto de colores. Se cruzó primero con dos negros. Y en llegando a la plaza del Ayuntamiento con un chino. Calle arriba pasó por delante del *pub* de Felisón. Había motos y coches aparcados delante de la puerta. Lo único que permanecía invariable era el tamaño de las patillas.

De pata de elefante. Siguió hasta su casa. Tenía el tejado combado. A medio hundirse. Las ventanas cerradas. Y todo en su sitio.

41.

—Cómete el huevo que se va a enfriar.

—No tengo hambre —contestó Serafín Modrego a su hija.

—Pues tienes que comer.

—Para qué, si total me voy a morir esta noche.

—No digas tonterías, padre, y come.

Paulina Foz llevaba enterrada una semana y Serafín Modrego se había quedado sin apetito. Y sin ganas de vivir. Miaja ni media.

—Y además está crudo.

—Pero si te lo he hecho con puntillas, como a ti te gustan.

—No has aprendido de tu madre ni a freír un huevo.

—Ahora le echas flores. A buenas horas mangas verdes. Come y calla y deja a mamá tranquila.

Serafín Modrego no sabía ni lo que era un catarro. Jamás había estado enfermo. Miento. Una vez tuvo que guardar cama por beberse de un trago un frasco entero de jarabe para la tos. El practicante le advirtió que se lo tomara por la noche, antes de acostarse, y así lo hizo, a morro, nada más comprarlo en la farmacia. Y de poco se le salen las tripas de golpe. Sin remedio. Desde entonces le entró miedo y nunca volvió a la consulta del médico.

—Quiero que me entierren con tu madre. Que es la única que sabe sacarle puntillas a los huevos fritos.

—Ni muerta la vas a dejar descansar. Acábate el tomate.

—Le falta sal.

—Me dijo don Arturo que no te convenía comer salado.

—Qué sabrá don Arturo, si se le mueren todos los pacientes.

—¡Qué culpa tendrá don Arturo si estáis vivos!

—Te he dejado el recibo de la contribución en el cajón de la entrada.

—Termina la ensalada —le reprendió su hija—. ¿Quieres un vaso de leche?

—Lo que quiero es morirme.

—Y dale.

—Le prometí a tu madre que si se moría ella primero me moriría yo también enseguida.

—También le prometiste pintar la recocina y ahí la tienes.

—Ya no tiene remedio.

—Menudo chasco, la pobre, tener que contemplarte la vida eterna, con apenas una semana de vacaciones.

—Nueve días.

—Dale tiempo a pudrirse y que se la coman los gusanos.

—No me puedo aguantar.

—A ti sí que hay que aguantarte.

—No te olvides de pagar la contribución.

Serafín Modrego fue a orinar. Ya en su dormitorio se puso muda limpia. Sacó del armario el único traje que tenía. Olía a alcanfor y espliego rancio. Le apretaba el tiro y no podía abrocharse el último botón de la cintura. Se ajustó la correa. Dejó la dentadura postiza en un vaso con agua sobre la mesilla. Miró debajo de la cama si estaba el orinal, no le fueran a entrar ganas de mear de repente, a medio morirse. Se quitó el reloj. Y la alianza. Apagó la luz y se tumbó encima de la colcha boca arriba con los ojos abiertos, sin quitarse las zapatillas. Esperando a más no poder. La eternidad. Toda.

4   MATERIALES COMPLEMENTARIOS

Valcorza y su tradición literaria

1. Valcorza, como espacio geográfico, va emergiendo progresivamente en la novela conforme avanzamos en su lectura. Puedes dibujar un mapa de la población con sus distintos enclaves y redactar una descripción del lugar.

2. La novela de Juan Rulfo, *Pedro Páramo*, presenta algún rasgo común con *Llamando a las puertas del cielo*, tal como se indicó en la introducción. Puedes buscar semejanzas entre ambas obras y destacar la atmósfera mortuoria común a ellas, según se advierte en estos ejemplos:

> Era la hora en que los niños juegan en las calles de todos los pueblos, llenando con sus gritos la tarde. Cuando aún las paredes negras reflejan la luz amarilla del sol.
>
> Al menos eso había visto en Sayula, todavía ayer, a esta misma hora. Y había visto también el vuelo de las palomas rompiendo el aire quieto, sacudiendo sus alas como si se desprendieran del día. Volaban y caían sobre los tejados, mientras los gritos de los niños revoloteaban y parecían teñirse de azul en el cielo del atardecer.
>
> Ahora estaba aquí, en este pueblo sin ruidos. Oía caer mis pisadas sobre las piedras redondas con que estaban empedradas las calles. Mis pisadas huecas, repitiendo su sonido en el eco de las paredes teñidas por el sol del atardecer.
>
> Fui andando por la calle Real en esa hora. Miré las casas vacías; las puertas desportilladas, invadidas de yerba. ¿Cómo me dijo aquel fulano que se llamaba esta hierba? «La Capitana, señor. Una plaga que nomás espera que se vaya la gente para invadir las casas. Así las verá usted».
>
> Al cruzar la bocacalle vi una señora envuelta en su rebozo que desapareció como si no existiera. Después volvieron a moverse mis pasos y mis ojos siguieron asomándose al agujero de las puertas.

Juan Rulfo,
Pedro Páramo (ed. de José Carlos González Boixo),
Madrid, Ediciones Cátedra, Letras Hispánicas 189, 2000, pág. 68.

Vi pasar las carretas. Los bueyes moviéndose despacio. El crujir de las piedras bajo las ruedas. Los hombres como si vinieran dormidos.

[...]
Carretas vacías, remoliendo el silencio de las calles.
Perdiéndose en el oscuro camino de la noche. Y las sombras.
El eco de las sombras.
Pensé regresar. Sentí allá arriba la huella por donde había
venido, como una herida abierta entre la negrura de los cerros.

Juan Rulfo,
Pedro Páramo, págs. 108-109.

Descripción de los personajes y los espacios

1. A los personajes los vamos conociendo en sucesivas referencias, que pueden partir de la caracterización que de ellos hace el narrador, de su participación en distintos episodios y sucesos, de sus conversaciones en escenas corales o de lo que de ellos comentan y lo que opinan otros personajes. Reuniendo y organizando esos datos que en la lectura aparecen de manera fragmentada y dispersa, puedes proceder a redactar retratos completos de los más destacados protagonistas de *Llamando a las puertas del cielo*.

2. Lo mismo cabe decir de los escenarios más representativos de la novela, como el bar La Rambla, el cine Bonanza o la barbería de Arsenio. Redacta una descripción detallada que comprenda los rasgos más característicos y significativos de cada uno de esos espacios o de otros que hayan despertado tu interés.

3. Inventa una escena que transcurra en algún espacio de Valcorza y donde participen varios personajes de la novela.

4. Los apodos son un rasgo distintivo de los personajes. Aluden a algún episodio o anécdota de su vida, pintan un rasgo de su carácter e ilustran una forma de ser. Elige uno o varios personajes y argumenta y justifica lo adecuado del apodo que les pusieron y por el que se los conoce.

5. En la introducción se han señalado las relaciones que entablan entre sí distintos personajes. Algunos han compartido una experiencia en alguna etapa de su vida, o han desempeñado un mismo cargo, por lo que muestran coinci-

dencias y afinidades. También contrastes y diferencias, como si fueran la cara y cruz de una misma moneda. Busca algunos ejemplos de cada una de estas parejas.

6. Dentro del microcosmos de Valcorza los animales y los bichos tienen también su cuota de protagonismo. Es el caso de los perros, como ya hemos visto. Las moscas están omnipresentes, como en este verso de Eladio Casasús: «En el manto de la Virgen se posa la mosca» (capítulo 13). También aparecen en un poema de *Este mensaje es para ti que tienes mucha soledad como yo*, el libro de Antonio Ansón al que me referí en la introducción: «La mala suerte se enredó en las páginas de su diario deportivo // salpicando los sueños de Gregorio por las lunas // de la avenida con guardias // que ahuyentaban curiosos y moscas a patadas».

El poeta Antonio Machado tiene un célebre poema titulado «Las moscas». Léelo y busca las similitudes entre esos versos y algunas referencias a estos insectos en la novela.

Llamando a las puertas del cielo y la narrativa española contemporánea

1. Compara el incidente en el que Miguel Zalaya perdió la pierna con este episodio de *La familia de Pascual Duarte* (1942), donde el protagonista de la novela de Camilo José Cela narra lo sucedido a su hermano pequeño Mario. ¿Puedes establecer similitudes?

> Pasó algún tiempo que otro de cierto sosiego, jugando con una botella, que era lo que más le llamaba la atención, o echadito al sol, para que reviviese, en el corral o en la puerta de la calle, y así fue tirando el inocente, unas veces mejor y otras peor, pero ya más tranquilo, hasta que un día —teniendo la criatura cuatro años— la suerte se volvió tan de su contra que, sin haberlo buscado ni deseado, sin a nadie haber molestado y sin haber tentado a Dios, un guarro (con perdón) le comió las dos orejas. Don Raimundo, el boticario, le puso unos polvos amarillitos, de seroformo, y tanto dolor daba el verlo amarillado y sin orejas que todas las vecinas, por llevarle consuelo, le llevaban, las más, un tejeringo los domingos; otras, unas almendras; otras, unas aceitunas en aceite o un

poco de chorizo... ¡Pobre Mario, y cómo agradecía, con sus
ojos negrillos, los consuelos!

Camilo José Cela,
La familia de Pascual Duarte (comentado por Adolfo Sotelo),
Barcelona, Ediciones Destino, Clásicos Contemporáneos Comentados 4, 1995, págs. 57-58.

2. Aparte de las coincidencias entre los dos sucesos, en ambas escenas, la piedad es el sentimiento dominante. Puedes inventar un episodio en el cual se exprese un sentimiento similar.

3. En *Llamando a las puertas del cielo*, abundan los elementos grotescos y esperpénticos. Elige algún pasaje representativo y analízalo, atendiendo a la relación entre los recursos expresivos y los efectos que estos producen en el lector.

4. Lo mágico-maravilloso articula el «milagro» por el cual Miguel Zalaya recupera su pierna. En la novela del escritor barcelonés Juan Marsé titulada *Ronda del Guinardó* (1984), que contiene el recuerdo de algunos episodios de la vida cotidiana inmediatamente después de terminada la Guerra Civil española, encontramos el caso del niño Matías, que perdió sus manos cuando le estalló una granada, según evoca Rosita, suceso que irá adquiriendo marbetes fantásticos en los labios de las gentes del barrio, según apreciamos en este fragmento:

> Incluso lejos de él, en la Casa [de Familia] y de noche, acostada en el camastro con Lucía y las dos sin poder dormir, alguna vez había notado las manitas muertas reptando por su entrepierna. Su compañera de cama se estremecía de miedo y las dos se abrazaban pataleando. Ciertamente habían sido manos tiñosas y furtivas como ratas de cloaca y el niño nunca las usó para nada bueno. Y ahora que ya no las tenía se las reinventaba, limpias y calientes en el espejo del sueño, acariciando la corbata o la armónica, quizás reviviendo aquel fatídico instante en que se disponía a birlar el pisapapeles del escritorio del fiscal Vallverdú, segundos antes de la terrible explosión... Rosita remató sus fantasías con la guinda del rumor que en su día estremeció al barrio: las manos de Matías salieron volando por la ventana del despacho, cruzaron la calle

la una en pos de la otra como dos pájaros rojos y fueron a dar en el trasero de doña Concha parada frente a la panadería.

Juan Marsé,
Ronda del Guinardó,
Barcelona, Seix Barral, 1984, pág. 96.

5. La religión está muy presente y juega un papel importante en *Llamando a las puertas del cielo*. En las vidas de santos abundan los sucesos milagrosos, que comparten algunos rasgos característicos de lo mágico-maravilloso. ¿Recuerdas algún caso? Podrías poner algún ejemplo.

6. ¿Conoces otros sucesos similares? ¿Podrías imaginar y redactar un episodio de esas características?

7. Identifica aquellos episodios que se nutren de elementos propios de las novelas de aventuras y de la imaginación que caracteriza en gran medida la infancia de los niños. Indica cómo contribuyen al desarrollo de la acción narrativa. Imagina y redacta una acción similar.

8. Ambrosio el Renacido encarna un personaje muy común en la narrativa española de posguerra, «el tonto». La escritora Ana María Matute tiene un inquietante libro de relatos breves, *Los niños tontos* (1956), tan repleto de lirismo como de fuerza trágica. Puedes inspirarte en esos relatos y redactar uno sobre Ambrosio el Renacido. Este es el texto del relato titulado «Polvo de carbón»:

> La niña de la carbonería tenía polvo negro en la frente, en las manos y dentro de la boca. Sacaba la lengua al trozo de espejo que colgó en el pestillo de la ventana, se miraba el paladar, y le parecía una capillita ahumada. La niña de la carbonería abría el grifo que siempre tintineaba, aunque estuviera cerrado, con una perlita tenue. El agua salía fuerte, como chascada en mil cristales contra la pila de piedra. La niña de la carbonería abría el grifo del agua los días que entraba el sol, para que el agua brillara, para que el agua se triplicase en la piedra y en el trocito de espejo. Una noche, la niña de la carbonería despertó porque oyó a la luna rozando la ventana. Salió precipitadamente del colchón y fue a la pila, donde a menudo se reflejaban las caras negras de los carboneros. Todo el cielo y

toda la tierra estaban llenos, embadurnados del polvo negro que se filtraba por debajo de las puertas, por los resquicios de las ventanas, mata a los pájaros y entra en las bocas tontas que se abren como capillitas ahumadas. La niña de la carbonería miró a la luna con gran envidia. «Si yo pudiera meter las manos en la luna», pensó. «Si yo pudiera lavarme la cara con la luna, y los dientes y los ojos». La niña abrió el grifo, y, a medida que el agua subía, la luna bajaba, bajaba, hasta chapuzarse dentro. Entonces la niña la imitó. Estrechamente abrazada a la luna, la madrugada vio a la niña en el fondo de la tina.

Ana María Matute,
Los niños tontos,
Barcelona, Ediciones Destino, Colección Destinolibro 51, 1978, págs. 15-16.

EL ESTILO

Prosa y verso

1. En *Llamando a las puertas del cielo* aparecen tiradas en verso: fragmentos de los poemas de Eladio Casasús, la loa a mosén Antonio que compone Paulina Foz o las mismas canciones de Juan el Francés. Analízalos y destaca el propósito a que sirven o la función que cumplen dentro de la novela.

2. La loa en verso que compone y recita Paulina Foz es una muestra de lo que se conoce como poesía de circunstancia. Infórmate sobre esta modalidad poética y busca algún ejemplo en nuestros autores del siglo XIX, cuando este tipo de composiciones eran muy frecuentes y abundantes. El trágico fallecimiento de Mariano José de Larra, que se suicidó de un pistoletazo el 13 de febrero de 1837, inspiró al joven José Zorrilla el poema «A la memoria desgraciada del joven literato don Mariano José de Larra» con el que el poeta vallisoletano adquiriría gran popularidad. Te ofrecemos el texto como un posible referente o ejemplo de esta modalidad poética.

> Ese vago clamor que rasga el viento
> es la voz funeral de una campana:
> vano remedo del postrer lamento
> de un cadáver sombrío y macilento
> que en sucio polvo dormirá mañana.

[...]
Acabó su misión sobre la tierra
y dejó su existencia carcomida,
como una Virgen al placer perdida
cuelga el profano velo en el altar.
Miró en el tiempo el porvenir vacío,
vacío ya de ensueños y de gloria,
¡y se entregó a ese sueño sin memoria!

Poesía del Romanticismo. Antología (ed. de Ángel L. Prieto de Paula),
Madrid, Ediciones Cátedra, Letras Hispánicas 769, 2016, págs. 357-358.

Los registros idiomáticos. La parodia, la ironía y el humor

1. Eladio Casasús tiene ciertas características que parodian un prototipo de intelectual. Señálalas y explícalas.

2. De igual modo, las expresiones kantianas que nutren el discurso de este personaje tienen un propósito muy concreto. Destaca algunas de las mismas, explica su sentido y analiza la ironía que contienen esas referencias.

3. En la introducción se ha señalado la importancia de la ironía y el humor en *Llamando a las puertas del cielo*. Hay muchísimos ejemplos en la novela. Busca algunos y analízalos.

4. También se ha señalado en la introducción como rasgo distintivo de la novela la polifonía o la variedad de voces narrativas. ¿Qué efectos logra el autor mediante el empleo de esta técnica? Ilustra tu explicación con algún fragmento representativo.

5. Puedes inventar una escena de esas características que transcurra en el aula, cuidando de que las distintas voces empleadas sirvan a la vez para caracterizar la psicología o la personalidad o algunos rasgos de los personajes que intervengan.

6. La oralidad es otra marca expresiva fundamental del relato. En numerosas ocasiones, Antonio Ansón construye la narración de los sucesos recurriendo a un lenguaje próximo a la lengua hablada. Distingue esos rasgos coloquiales y comenta el empleo de la oralidad en algún fragmento de la novela.

7. También destaca el uso de aragonesismos, según se ha señalado en la introducción, donde se transcribe el sentido de varios de ellos. Hay muchos más. Identifica otros ejemplos y construye una frase o un breve texto donde puedan incluirse.

8. De igual modo, puede realizarse un ejercicio similar respecto a expresiones y léxico coloquial.

EL TIEMPO HISTÓRICO

Guerra Civil y franquismo

1. La historia de España que abarca el tiempo de *Llamando a las puertas del cielo*, junto con el pasado más inmediato, se apunta con concisión, como es el caso de los acontecimientos sucedidos durante la Guerra Civil. Documenta alguna de esas referencias.

2. ¿Sabes quiénes fueron los «camisas viejas»? Redacta una breve descripción de esos personajes.

3. ¿Qué era la Acción Católica? Investiga el papel y el peso de la Iglesia durante el franquismo.

4. ¿Cómo se vivía la homosexualidad en aquellos tiempos según la novela? Contrasta esa situación con los cambios operados a lo largo de los años hasta llegar a nuestro presente.

5. ¿Quiénes eran «los grises» y por qué se les llamaba así? Localiza alguna imagen y descríbela.

La Transición democrática española

1. La etapa de la Transición política desde la dictadura del general Franco al régimen democrático es un periodo cronológico específico y relevante de

Llamando a las puertas del cielo. El siguiente fragmento escrito por el mismo autor ofrece algunas claves o rasgos del citado periodo que tienen gran relevancia para algunos de los personajes de la novela:

El éxito de series televisivas como *Cuéntame cómo pasó* no descansa en su contenido o en el hecho de que personajes y guión describan cómo éramos los españoles entonces, sino porque «cuentan» cómo nos hubiera gustado ser. Al parecer España era y es un país a rebosar de buenas personas. […] nos puede el pudor y reconocemos a los arrodillados, la caspa, el regusto rancio, la población rural de nuestras grandes ciudades, nutrida de la inmigración interior, de la que tan poco se habla, de la emigración a Francia, Suiza y Alemania de los sucios españoles, la ingenuidad, y el mezquino país que fuimos hasta que los poderes fácticos decidieron subirse al tren de la modernidad, abrir las puertas y dejarnos salir al recreo con una chocolatina.

[…]

Otro asunto de capital importancia en este primer lustro de democracia son las drogas. Estrellas invitadas: el hachís y la heroína, que se consumen indistintamente y con la misma alegría. Al poco tiempo España se convierte en un país de yonkis que suplican con voz gangosa: «una ayuda que estoy muy mal, tío», y vomitan en el autobús un gargajo bilioso antes de salir corriendo a por al pico. Cinematográficamente esta época está muy bien documentada. El año pasado La Casa Encendida dedicó una exposición a todos esos films de picos, palos a comercios y persecuciones en coches robados. Y es que la droga costaba dinero, y para ser un drogadicto en la España de 1978 cabían dos posibilidades: o eras un niño de papá o te volvías un mangui. A todo ello hay que añadir la irrupción con fuerza de la enfermedad de moda del siglo XX, el SIDA. Resultado final: la mitad, y probablemente nos estemos quedando cortos, están muertos por sobredosis y por pobres, porque los ricos, además de ricos suelen ser espabilados y cuando le ven las orejas al lobo se apuntan a curas de desintoxicación, y los pobres, además de ser pobres, son idiotas, y se mueren. Los que no terminaron en la cárcel, sucumbieron entonces por sobredosis como héroes, viven hoy a base de cóctel de pastillazos y con la cara deforme cuesta abajo por el gran slalom del SIDA sorteando enfermedades oportunistas para que no se los lleve por delante una neumonía. Desechos de lidia. Entonces la inocencia y la ignorancia eran moneda de cambio.

Antonio Ansón,
«La canción popular como relato de la Transición española»,
en Calvo Carilla, J.L.; Peña Ardid, C.; Naval, M.A.; Ara Torralba, J.C.; y Ansón, A. (eds.),
El relato de la Transición, la Transición como relato, Zaragoza, PUZ, 2013, págs. 237-258.

2. Señala las relaciones que encuentras entre este texto crítico de Antonio Ansón y el argumento de la novela.

MEMORIA COLECTIVA E INTRAHISTORIA

1. Infórmate sobre las series de televisión *Crónicas de un pueblo* y *Cuéntame*. Busca en Youtube algún capítulo de dichas series y compáralo con situaciones y personajes de la novela.

2. Busca información sobre la película *El cielo gira* (2004), de Mercedes Álvarez, que trata sobre la España vaciada, y en concreto sobre los habitantes de Aldeaseñor, una pequeña localidad situada en los páramos altos de Soria, donde nació la directora del film, y donde actualmente viven unos 14 habitantes.

3. La intrahistoria está representada de manera muy amplia y minuciosa en todos los ámbitos de la vida de Valcorza, según se apunta en la introducción. Documenta en la novela alguna de las múltiples facetas de la vida colectiva: el trabajo, las celebraciones, las costumbres, los valores sociales, las modas y los gustos.

La vida cotidiana

1. Contrasta el cambio operado en esos ámbitos durante el transcurso del tiempo, prestando especial atención a los detalles y referencias menudas.

2. El grupo de los chicos se caracteriza a partir de los juegos y distracciones con que llenan su tiempo libre. ¿Perviven actualmente algunos de ellos? ¿Qué

cambios se han operado? Redacta un breve texto —puede ser una escena en forma dialogada— de una experiencia personal similar que suceda durante una función de circo, un partido de fútbol, los baños en el río, la piscina o el mar, las barracas de feria como el tiro al plato, etc.

LA EDUCACIÓN SENTIMENTAL. EL CINE Y LA FOTOGRAFÍA

El cine

1. Las películas que ven en el cine Bonanza o luego en el teleclub, así como las canciones de los ídolos y conjuntos musicales, trazan la educación sentimental de los niños y de los jóvenes. En la novela estas referencias son muy numerosas. Puedes informarte sobre Mr. Magoo, John Wayne y Marlon Brando. ¿Has visto u oído hablar de alguna de sus películas? Haz un resumen de la información que hayas obtenido.

2. Estudia el proceso de imitación de los personajes con respecto a esos ídolos o héroes, apreciable en bastantes episodios y anécdotas.

3. Busca información sobre las películas que se mencionan, desde filmes clásicos como *Los diez mandamientos*, *Tarzán* o *Espartaco*, a otros muy famosos en años sucesivos: *Jesucristo Superstar, Kung-Fu* o *Rambo*, por ejemplo. Señala cómo todos esos elementos trazan la evolución y los cambios estéticos para dar cuenta del paso del tiempo.

La fotografía

1. *Llamando a las puertas del cielo*, tal y como se indicó más de una vez en la introducción o estudio preliminar, es una novela de gran calidad plástica o visual, apreciable en algunos rasgos de su composición y escritura. La obra de algunos fotógrafos puede ilustrar aspectos de la novela. Puedes consultar las imágenes que se recogen en los libros que citamos entre paréntesis de Cristina García Rodero (*La España oculta*), Cristobal Ara (*4 cosas de España*) o Juan de la Cruz Mejías (*Pan, vino y azúcar*). También puedes consultar fotografías de Ramón Masats, Xavier Miserachs, Atín Aya, Virxilio Vieitez o Miguel Trillo, artistas

cuya obra es una elocuente crónica en imágenes de la España de los años 60 y 70. Sus piezas podrían componer un estupendo álbum de fotos de la novela de Antonio Ansón.

2. Busca una imagen de uno o más de los citados fotógrafos que pudiera ilustrar algún pasaje de la novela.

3. ¿Guardan en tu casa o en tu familia imágenes del pasado que se le parezcan?

4. En las fotos de Virxilio Vieitez el tema de la emigración es uno de los principales. Pregunta en tu familia o entre tus conocidos si conocen a alguien que tuviera que desplazarse para trabajar fuera de España y documenta esa experiencia. Puede servirte la película *Un franco, 14 pesetas* (2006), del director Carlos Iglesias, quien se basa en sus recuerdos personales para abordar la emigración española en Suiza en los primeros años 60, a raíz de la experiencia familiar.

5. Busca fotos de bodas de Juan de la Cruz Mejías y compáralas con las de tus padres. ¿Qué diferencias fundamentales destacas?

6. Busca imágenes de Miguel Trillo y trata de identificar a cada una de las tribus urbanas a las que pertenecen los personajes fotografiados.

LA EDUCACIÓN SENTIMENTAL. LA BANDA SONORA DE LA NOVELA

El estudio de la «banda sonora» de la novela puede motivar debates de actualidad en clase que permiten conectar el tiempo histórico de la novela con el presente: el patriotismo y la idea de España; los problemas de la España vaciada; el sentimiento religioso de los jóvenes y la enseñanza de la religión en las escuelas o el consumo de drogas.

1. Busca información sobre las canciones y las referencias musicales que se mencionan en la novela. A continuación, presentamos la lista de lo que podemos considerar su banda sonora, presentando después cada una de las piezas enumeradas y algunas propuestas para tus ejercicios.

1. *Nadie me ama*, Nat King Cole.
2. *Europa*, Carlos Santana.
3. *Y viva España*, Manolo Escobar.
4. *Knockin' on Heaven's Door*, Bob Dylan
5. *Jesucristo Superstar, Canción de Judas*, Teddy Bautista.
6. *Malos tiempos para la lírica*, Golpes Bajos.
7. *Espérame en el cielo*, Lucho Gatica.
Bonus track. Libre, Nino Bravo.

1. *Nadie me ama,* Nat King Cole.
https://www.youtube.com/watch?v=--KUJRgJwkU

Nadie me ama.
Nadie me quiere.
Nadie me llama.
Nadie me es fiel.
Triste es mi vida
sin un cariño.
Lloro en silencio
mi desventura.

Voy por el mundo cruel
de fracaso en fracaso.
Llamo a la puerta del cielo
que nunca traspaso.
Vencido y cansado
de tanto sufrir
yo ruego a Dios
que se apiade de mí.

Nadie me ama.
Nadie me quiere.

Identifica el tema de la canción y busca entre tus canciones preferidas alguna que trate del mismo asunto.

Compara esta canción con *L'enfer* (2022), del cantante francés Stromae, que trata de la depresión y el suicidio. Busca información sobre el tema, las causas,

el aumento reciente del mismo entre jóvenes y organismos que ofrecen ayuda.
https://www.youtube.com/watch?v=DO8NSL5Wyeg

2. *Europa*, Carlos Santana.
https://www.youtube.com/watch?v=BlW8rblRbMw

Esta pieza puede servir para ilustrar otro de los temas de la novela: el consumo de drogas. En la historia de la literatura, y especialmente a partir del Romanticismo, encontramos testimonios valiosos sobre esta experiencia. Un texto clásico es el del poeta francés Charles Baudelaire, *Los paraísos artificiales* (1858), que trata del consumo del hachís y del opio, así como de los distintos efectos tanto físicos como emocionales que se derivan de esa experiencia. En nuestra literatura, Ramón María del Valle-Inclán, en su poemario *La pipa de kif* (1919), también incluye textos sobre su experiencia en el consumo de drogas.

¿Sabes lo que fue el VIH o SIDA y por qué esta enfermedad se asocia al consumo de drogas? ¿Cuándo apareció? ¿Cuáles son sus causas? ¿Cómo se transmite? ¿Se puede curar?

3. *Y viva España*, Manolo Escobar.
https://www.youtube.com/watch?v=v685hHVCvYw

La canción se lanzó por primera vez en 1971 en Bélgica, interpretada por la cantante Samantha en flamenco:

Entre flores, fandanguillos y alegrías
nació mi España, la tierra del amor.
Solo Dios pudiera hacer tanta belleza
y es imposible que puedan haber dos.
Y todo el mundo sabe que es verdad
y lloran cuando tienen que marchar.

Que viva España.
Que viva España.
Que viva España.
Y España es la mejor.

¿Qué imagen de España ofrece este texto?
¿Crees que tiene vigencia o relación con la realidad actual?

4. *Knockin' on Heaven's Door*, Bob Dylan (1973)
https://www.youtube.com/watch?v=O-sVpVIovKk
(fragmento)

Mama take this badge off of me
I can't use it anymore
It's getting dark, too dark to see
I feel I'm knockin' on heaven's door

Knock-knock-knockin' on heaven's door

Mama put my guns in the ground
I can't shoot them anymore
That long black cloud is comin' down
I feel I'm knockin' on heaven's door

Traducción al castellano ofrecida por Antonio Ansón:

Mamá, quítame esta medalla.
Ya no puedo usarla.
Empieza a estar oscuro, demasiado oscuro para ver,
me siento como si llamara a las puertas del cielo

Llamando a las puertas del cielo

Mamá, deja mis pistolas en el suelo,
ya no puedo disparar más.
Esa gran nube negra está descendiendo,
me siento como si llamara a las puertas del cielo.

Infórmate sobre la guerra de Vietnam y haz un breve resumen de la misma.

Busca películas célebres que traten sobre esta guerra.

Habla de otras guerras que están teniendo lugar en estos tiempos u otros recientes, y en las cuales Europa y España tengan relación aunque no participen directamente en la contienda bélica.

Compara la anterior versión de la canción con esta otra cuyo enlace es el siguiente.

Guns N' Roses - *Knockin' On Heaven's* (1991)

https://www.youtube.com/watch?v=k04tX2fvh0o

¿Cuál de las dos prefieres?

5. *Jesucristo Superstar, Canción de Judas*, Teddy Bautista (1975)
https://www.youtube.com/watch?v=auUEkEf7qWI

Si empiezas a creer
lo que dicen de ti
ya crees de verdad en tu divinidad.
Todas tus ideas
de nada servirán
porque solo importa
tu personalidad.
Oye, Cristo, sé porque te seguí
y te pido que me escuches a mí.
No lo olvides.
Yo lucho por la libertad.
No pensé que creerían
que eras su nuevo Mesías
y solo eres un libertador.
Yo recuerdo cuando todo empezó
te llamábamos hombre y no Dios.
Y te juro
que aún cuentas con mi admiración
pero a tu revolución
todos le dan otra intención.
Si ven el error, te matarán.
Nazaret, tu hijo es muy famoso, como ves.
Lástima que sea tan popular.
Si fuera heredero del padre carpintero
a nadie asustaría ni provocaría.
Oye, Cristo, ¿no te importa tu pueblo?
¿No ves cómo pisotean mi suelo?
Es la ocupación
y la total humillación

Valora las referencias a esta canción que hay en la novela y juzga si se corresponden bien con el momento de la trama en que se incluyen.

¿Quién era Judas y por qué hablaba así a Jesucristo?

La figura de Cristo, así como la idea de santidad, ha recibido a lo largo de la historia diferentes formulaciones literarias. Unamuno y Azorín, por ejemplo, propusieron en la crisis de fin de siglo nuevas lecturas del modelo de Cristo y de la santidad. En los años 60 y 70 del siglo XX se reeditó una imagen renovada del Cristo evangélico adaptándola a la contracultura *hippie* y a los movimientos obreros y de liberación popular. Indica cómo reelabora la canción la figura de Cristo para presentarlo como libertador y revolucionario.

¿Por qué hablan de la figura de Cristo como un libertador y revolucionario? ¿Estás de acuerdo?

Glosa el sentido de la frase «pisotean mi suelo». ¿A quién se refiere?

Infórmate sobre el conflicto actual entre palestinos y judíos.

Compara la canción de Judas con la del Cristo de Palacagüina que ofrecemos a continuación.

Cristo ya nació (1973). Carlos Mejía Godoy y los de Palacagüina.

https://www.youtube.com/watch?v=KvcFNxNKlEw

> Cristo ya nació en Palacagüina
> de Chepe Pavón y una tal María.
> Ella va a planchar muy humildemente
> la ropa que goza, la mujer hermosa del terrateniente.
> Cristo ya nació en Palacagüina
> de Chepe Pavón y una tal María.
> Ella va a planchar muy humildemente
> la ropa que goza, la mujer hermosa del terrateniente
>
> José pobre jornalero, se mecatella todito el día.
> Lo tiene con reumatismo, en el tedio la carpintería.
> María sueña que el hijo, igual que el tata sea carpintero.
> Pero el chavalillo piensa, mañana quiero ser guerrillero.

Para interpretar y profundizar en el sentido de esta canción, conviene conocer la existencia de los grupos llamados católicos o cristianos de base durante los años de la Transición. También es importante la información sobre la Teología de la Liberación y las figuras y el pensamiento de Leonardo Boff, Hans Küng y el poeta y activista Ernesto Cardenal.

En esta canción, Carlos Mejía fusiona elementos míticos de la cultura y la fe cristiana, impregnada en aquellos años por la mencionada Teología de la Liberación. Trata de un Cristo que nace en las montañas segovianas en el seno de una familia pobre. Cuando nace, llueve luz sobre toda Nicaragua. María quiere que el niño sea carpintero como José. El cipote quiere ser guerrillero. Esta pieza es una canción revolucionaria tanto por su texto como por los elementos musicales, y es muy característica y simbólica de su época. Valora el mensaje de la misma, su poesía, sus imágenes, su melodía, la estructura y las formas armónicas que la convirtieron en una de las grandes piezas clásicas del cancionero nicaragüense.

Analiza la figura del sacerdote en la novela. Compara los sacerdotes que hayas conocido o con quienes hayas tratado con los que aparecen en la novela.

6. *Malos tiempos para la lírica,* Golpes Bajos
https://www.youtube.com/watch?v=xAYUO0QeqUk
(fragmento)

Las ratas corren por la penumbra del callejón.
Tu madre baja con el cesto y saluda.
Seguro que ha acabado tu jersey de cotton.
Puedes esbozar una sonrisa blanca y pura.
Malos tiempos para la lírica...

Malos tiempos para la lírica.
Seguro que algún día, cansado y aburrido
encontrarás a alguien de buen parecer.
Trabajo de banquero, bien retribuido
y tu madre con anteojos volverá a tejer.

¿Eres capaz de imaginarte dentro de unos veinte años? Escribe unas líneas sobre tu presente y tu futuro al hilo de la canción de Golpes Bajos.

7. *Espérame en el cielo,* Lucho Gatica.
https://www.youtube.com/watch?v=Dz8tK4D8IYo
(fragmento)

Espérame en el cielo corazón
si es que te vas primero.
Espérame que pronto yo me iré
allí donde tú estés.

Espérame en el cielo corazón
si es que te vas primero.
Espérame en el cielo corazón
para empezar de nuevo.

La letra de esta canción coincide con el final de la novela. Señálalo con precisión. Puedes comparar ambos textos y hacer una valoración personal.

¿Conoces alguna otra canción que se ajuste más a ese final de la novela?

-*Bonus track*. *Libre*, Nino Bravo.

El cantante Luis Manuel Ferri Llopis, de nombre artístico Nino Bravo, es un mito de la cultura pop española, como se puso de manifiesto a raíz del cincuenta aniversario de su muerte, ocurrida el 16 de abril de 1973. Busca información sobre el cantante e intenta averiguar por qué su nombre y sus canciones siguen presentes en la memoria popular.

¿De qué trata la canción?

¿Sabes a qué se refiere al hablar del muro de Berlín? Infórmate sobre su origen e historia, así como sobre su desaparición.

Busca imágenes del muro y testimonios de algunos alemanes que vivían a un lado y otro del mismo.

FINAL

Redacta en 600 palabras una interpretación y valoración personal de *Llamando a las puertas del cielo*.